D0911304

SAMUEL BECKETT

Nació en Dublín en 1906. Tras cursar estu-
dios en la Portora Royal School y el Trinity
College de su ciudad natal, fue nombrado
profesor de la École Normale Superieure de
París. En esta ciudad conoció a James Joyce,
de quien se convirtió muy pronto en amigo
íntimo y confidente. Participó activamente
en la Resistencia francesa durante la segunda guerra mundial, desdeñando su neutra-
lidad de ciudadano irlandés y, a partir de
1945, se instaló definitivamente en Francia,
donde escribió toda su obra indistintamen-
te en ingles o francés. En 1969 recibió el
Premio Nobel de Literatura, sin que por
ello se inmutara en su vida retirada, prote-
gida de intrusiones indiscretas. **Tusquets
Editores** ha publicado **Film** (Ínfimos 61),
**Fin de partida, Pavesas, Manchas en el
silencio** y **Eleutheria,** su primera obra de
teatro (Marginales 88, 97, 106 y 148).
También se han reunido en un solo volu-
men sus textos narrativos dispersos, **Relatos**
(Marginales 159).

Libros de Samuel Beckett en Tusquets Editores

Samuel Beckett

Esperando a Godot

Traducción de Ana Mª Moix

F A B U L A
TUSQUETS
EDITORES

Título original: *En attendant Godot*

1.ª edición en Colección Marginales: noviembre 1982
9.ª edición en Colección Marginales: mayo 1993
1.ª edición en Fábula: marzo 1995
2.ª edición en Fábula: febrero 1998
3.ª edición en Fábula: abril 1999
4.ª edición en Fábula: abril 2000
5.ª edición en Fábula: marzo 2001

© 1952, Les Éditions de Minuit
Traducción de Ana M.ª Moix

Diseño de la colección: Pierluigi Cerri

Ilustración de la cubierta: *Cabeza de hombre sobre un tallo*, 1947, de Alberto Giacometti. Derechos reservados

Reservados todos los derechos de esta edición para
Tusquets Editores, S.A. - Cesare Cantù, 8 - 08023 Barcelona

ISBN: 84-7223-865-2
Depósito legal: B.14.998-2001

Impresión y encuadernación: GRAFOS, S.A. Arte sobre papel
Sector C, Calle D, n.º 36, Zona Franca - 08040 Barcelona
Impreso en España

Indice

Acto primero

(Camino en el campo, con árbol.)

(Anochecer.)

(Estragon, sentado en el suelo, intenta descalzarse. Se esfuerza haciéndolo con ambas manos, fatigosamente. Se detiene, agotado, descansa, jadea, vuelve a empezar. Repite los mismos gestos.)

(Entra Vladimir.)

ESTRAGON *(renunciando de nuevo)*: No hay nada que hacer.

VLADIMIR *(se acerca a pasitos rígidos, las piernas separadas)*: Empiezo a creerlo. *(Se queda inmóvil.)* Durante mucho tiempo me he resistido a pensarlo, diciéndome, Vladimir, sé razonable, aún no lo has intentado todo. Y volvía a la lucha. *(Se concentra, pensando en la lucha. A Estragon.)* Vaya, ya estás ahí otra vez.

ESTRAGON: ¿Tú crees?

VLADIMIR: Me alegra volver a verte. Creí que te habías ido para siempre.

ESTRAGON: Yo también.

VLADIMIR: ¿Qué podemos hacer para celebrar este encuentro? *(Reflexiona.)* Levántate, deja que te abrace. *(Tiende la mano a Estragon.)*

ESTRAGON *(irritado)*: Enseguida, enseguida.

(Silencio.)

VLADIMIR *(ofendido, con frialdad)*: ¿Se puede saber dónde ha pasado la noche el señor?

ESTRAGON: En un foso.

VLADIMIR *(estupefacto)*: ¡Un foso! ¿Dónde?

ESTRAGON *(sin gesticular)*: Por ahí.

VLADIMIR: ¿Y no te han pegado?

ESTRAGON: Sí... No demasiado.

VLADIMIR: ¿Los de siempre?

ESTRAGON: ¿Los de siempre? No sé.

(Silencio.)

VLADIMIR: Cuando lo pienso... desde entonces... me pregunto... qué hubiera sido de ti... sin mí... *(Decidido.)* Sin duda, a estas horas, serías ya un montoncito de huesos.

ESTRAGON *(profundamente enojado)*: ¿Algo más?

VLADIMIR *(agobiado)*: Es demasiado para un hombre solo. *(Pausa. Con vivacidad.)* Por otra parte, es lo que me digo, para qué desanimarse ahora. Hubiera sido necesario pensarlo hace una eternidad, hacia 1900.

ESTRAGON: Basta. Ayúdame a quitarme esa porquería.

VLADIMIR: Hubiéramos sido de los primeros en arrojarnos juntos, cogidos de la mano, desde la Torre Eiffel. Entonces valíamos algo. Ahora es demasiado tarde. Ni siquiera nos permitirían subir. *(Estragon se encarniza con su calzado.)* ¿Qué haces?

ESTRAGON: Descalzarme. ¿No lo has hecho nunca?

VLADIMIR: Desde hace tiempo vengo diciéndote que hay que descalzarse todos los días. Más te valdría hacerme caso.

ESTRAGON *(débilmente)*: ¡Ayúdame!

VLADIMIR: ¿Te sientes mal?

ESTRAGON: ¡Mal! ¡Me pregunta si me siento mal!

VLADIMIR *(encorajinado)*: ¡Siempre eres el único que sufre! Yo no importo nada. Quisiera verte en mi lugar. Ya me lo harías saber.

ESTRAGON: ¿Has estado mal?

VLADIMIR: ¡Mal! ¡Me pregunta si he estado mal!

ESTRAGON *(señalando con el índice)*: Esa no es razón para no abrocharte.

VLADIMIR *(Se inclina.)*: Es cierto. *(Se abrocha.)* No hay que descuidarse en las pequeñas cosas.

ESTRAGON: Qué quieres que te diga, siempre esperas al último momento.

VLADIMIR *(soñadoramente)*: El último momento... *(Medita.)* Tarda en llegar, pero vale la pena. ¿Quién lo decía?

ESTRAGON: ¿No quieres ayudarme?

VLADIMIR: A veces me digo que, a pesar de todo, llega. Entonces me siento muy raro. *(Se quita el sombrero, mira dentro, pasa la mano por el interior, lo sacude y se lo encasqueta de nuevo.)* ¿Cómo decirlo? Aliviado y al mismo tiempo... *(Busca.)*... aterrado. *(Con énfasis.)* A-TE-RRA-DO. *(Se vuelve a quitar el sombrero y mira el interior.)* ¡Vaya! *(Golpea la copa como para hacer que algo caiga del interior, mira hacia dentro otra vez y se lo encasqueta de nuevo.)* En fin... *(Estragon, como recompensa a su gran esfuerzo, logra descalzarse. Mira el interior de su zapato, pasa la mano por el interior, le da la vuelta, lo sacude, busca en el suelo por si ha caído algo, no encuentra nada, y vuelve a pasar la mano por el zapato, la mirada vaga.)* ¿Y?

ESTRAGON: Nada.

VLADIMIR: A ver.

ESTRAGON: No hay nada que ver.

VLADIMIR: Intenta ponértelo otra vez.

ESTRAGON *(después de examinarse el pie)*: Voy a dejar que se airee un poco.

VLADIMIR: He aquí al hombre íntegro arremetiendo contra su calzado cuando el culpable es el pie. *(Se quita el sombrero una vez más, mira hacia dentro, pasa la mano por el interior, lo sacude, golpea la copa, sopla hacia adentro y se lo encasqueta de nuevo.)* Esto empieza a resultar inquietante. *(Pausa. Estragon agita el pie, moviendo los dedos para que el aire circule mejor entre ellos.)* Uno de los dos ladrones se salvó. *(Pausa.)* Es un porcentaje decente. *(Pausa.)* Gogo...

ESTRAGON: ¿Qué?

VLADIMIR: ¿Y si nos arrepintiésemos?

ESTRAGON: ¿De qué?

VLADIMIR: Pues... *(Piensa.)* No sería necesario entrar en detalles.

ESTRAGON: ¿De haber nacido?

(Vladimir empieza a reír a carcajadas pero se reprime y se lleva la mano al pubis, el rostro crispado.)

VLADIMIR: Ni siquiera se atreve uno a reír.

ESTRAGON: Hablas de una privación.

VLADIMIR: Sólo sonreír. *(Su rostro se resquebraja en*

una sonrisa amplia que se estabiliza, subsiste un buen rato, después de pronto se extingue.) No es lo mismo. En fin... *(Pausa.)* Gogo...

ESTRAGON *(excitado)*: ¿Qué hay?

VLADIMIR: ¿Has leído la Biblia?

ESTRAGON: La Biblia... *(Reflexiona.)* Le habré echado un vistazo.

VLADIMIR *(atónito)*: ¿En la escuela Sin Dios?

ESTRAGON: No sé si sin o con.

VLADIMIR: Debes confundirte con la Roquete.

ESTRAGON: Quizá. Recuerdo los mapas de Tierra Santa. En color. Muy bonitos. El mar Muerto era azul pálido. Sentía sed con sólo mirarlo. Me decía, iremos allí a pasar nuestra luna de miel. Nadaremos. Seremos felices.

VLADIMIR: Debieras haber sido poeta.

ESTRAGON: Lo he sido. *(Señala sus harapos.)* ¿No se nota?

(Silencio.)

VLADIMIR: ¿Qué decía? ¿Cómo sigue tu pie?

ESTRAGON: Se hincha.

VLADIMIR: Ah, sí, ya sé, la historia de ladrones. ¿La recuerdas?

ESTRAGON: No.

VLADIMIR: ¿Quieres que te la cuente otra vez?

ESTRAGON: No.

VLADIMIR: Así matamos el tiempo. *(Pausa.)* Eran dos ladrones, crucificados al mismo tiempo que el Salvador. Se...

ESTRAGON: ¿El qué?

VLADIMIR: El Salvador. Dos ladrones. Se dice que uno fue salvado y el otro... *(Busca lo contrario a salvado.)...* condenado.

ESTRAGON: ¿Salvado de qué?

VLADIMIR: Del infierno.

ESTRAGON: Me voy. *(No se mueve.)*

VLADIMIR: Y, sin embargo... *(Pausa.)* ¿Cómo es que...? Supongo que no te aburro.

ESTRAGON: No escucho.

VLADIMIR: ¿Cómo se comprende que de los cuatro evangelistas sólo uno presente los hechos de ese modo? Los cuatro estaban allí presentes... bueno, no muy lejos. Y sólo uno habla de un ladrón salvado. *(Pausa.)* Veamos, Gogo, tienes que devolverme la pelota de vez en cuando.

ESTRAGON: Escucho.

VLADIMIR: Uno de cuatro. De los tres restantes, dos ni lo mencionan, y el tercero dice que los otros dos lo insultaron.

ESTRAGON: ¿Quién?

VLADIMIR: ¿Cómo?

17

ESTRAGON: No entiendo nada... *(Pausa.)* ¿Insultado? ¿Quién?

VLADIMIR: El Salvador.

ESTRAGON: ¿Por qué?

VLADIMIR: Porque no quiso salvarles.

ESTRAGON: ¿Del infierno?

VLADIMIR: ¡No! De la muerte.

ESTRAGON: ¿Y entonces, qué?

VLADIMIR: Entonces hubo que condenar a los dos.

ESTRAGON: ¿Y después?

VLADIMIR: Pero el otro dice que uno se salvó.

ESTRAGON: ¿Y pues? No están de acuerdo, eso es todo.

VLADIMIR: Se hallaban allí los cuatro. Y sólo uno habla de un ladrón salvado. ¿Por qué darle más crédito que a los otros?

ESTRAGON: ¿Quién le cree?

VLADIMIR: Pues todo el mundo. Sólo se conoce esta versión.

ESTRAGON: La gente es estúpida.

(Se levanta penosamente, avanza cojeando hacia el lateral izquierdo, se detiene, mira a lo lejos, la mano en pantalla delante de sus ojos, se vuelve, se dirige hacia el lateral derecho, mira a lo lejos. Vladimir le sigue con la mirada, después recoge el zapato, mira el interior, lo suelta rápidamente.)

VLADIMIR: ¡Bah! *(Escupe al suelo.)*

(Estragon regresa al centro del escenario, mira hacia el fondo.)

ESTRAGON: Delicioso lugar. *(Se vuelve, avanza hasta la rampa, mira hacia el público.)* Semblantes alegres. *(Se vuelve hacia Vladimir.)* Vayámonos.

VLADIMIR: No podemos.

ESTRAGON: ¿Por qué?

VLADIMIR: Esperamos a Godot.

ESTRAGON: Es cierto. *(Pausa.)* ¿Estás seguro de que es aquí?

VLADIMIR: ¿Qué?

ESTRAGON: Donde hay que esperar.

VLADIMIR: Dijo delante del árbol. *(Miran el árbol.)* ¿Ves algún otro?

ESTRAGON: ¿Qué es?

VLADIMIR: Parece un sauce llorón.

ESTRAGON: ¿Dónde están las hojas?

VLADIMIR: Debe de estar muerto.

ESTRAGON: Basta de lloros.

VLADIMIR: Salvo que no sea ésta la estación.

ESTRAGON: ¿No será más bien un arbolito?

VLADIMIR: Un arbusto.

ESTRAGON: Un arbolito.

VLADIMIR: Un... *(Se contiene.)* ¿Qué insinúas? ¿Que nos hemos equivocado de lugar?

ESTRAGON: Ya debería de estar aquí.

VLADIMIR: No aseguró que vendría.

ESTRAGON: ¿Y si no viene?

VLADIMIR: Volveremos mañana.

ESTRAGON: Y pasado mañana.

VLADIMIR: Quizá.

ESTRAGON: Y así sucesivamente.

VLADIMIR: Es decir...

ESTRAGON: Hasta que venga.

VLADIMIR: Eres implacable.

ESTRAGON: Ya vinimos ayer.

VLADIMIR: ¡Ah, no! En eso te equivocas.

ESTRAGON: ¿Qué hicimos ayer?

VLADIMIR: ¿Que qué hicimos ayer?

ESTRAGON: Sí.

VLADIMIR: Me parece... *(Se pica.)* Para sembrar dudas, eres único.

ESTRAGON: Creo que estuvimos aquí.

VLADIMIR *(Mira alrededor.)*: ¿El lugar, te resulta familiar?

ESTRAGON: No he dicho eso.

VLADIMIR: ¿Entonces?

ESTRAGON: Eso no importa.

VLADIMIR: Sin embargo... este árbol... *(Se vuelve hacia el público.)*... esa turba.

ESTRAGON: ¿Estás seguro de que era esta noche?

VLADIMIR: ¿Qué?

ESTRAGON: Cuando debíamos esperarle.

VLADIMIR: Dijo sábado. *(Pausa.)* Creo.

ESTRAGON: Después del trabajo.

VLADIMIR: Debí apuntarlo. *(Registra en sus bolsillos, repletos de toda clase de porquerías.)*

ESTRAGON: Pero, ¿qué sábado? Además, ¿hoy es sábado? ¿No será domingo? ¿O lunes? ¿O viernes?

VLADIMIR *(Mira enloquecido a su alrededor como si la fecha estuviera escrita en el paisaje.)*: No es posible.

ESTRAGON: O jueves.

VLADIMIR: ¿Qué podemos hacer?

ESTRAGON: Si ayer por la noche se molestó por nada, puedes muy bien suponer que hoy no vendrá.

VLADIMIR: Pero dices que ayer noche vinimos.

ESTRAGON: Puedo equivocarme. *(Pausa.)* Callemos un momento, ¿quieres?

VLADIMIR *(débilmente)*: Bien. *(Estragon se sienta en el suelo. Vladimir recorre el escenario, agitado, se detiene de vez en cuando para escrutar el horizonte. Estragon se duerme. Vladimir se detiene ante él.)* Gogo... *(Silencio.)* Gogo... *(Silencio.)* ¡GOGO!

(Estragon despierta sobresaltado.)

ESTRAGON *(regresa al horror de su situación)*: Dormía. *(Con reproche.)* ¿Por qué nunca me dejas dormir?

VLADIMIR: Me sentía solo.

ESTRAGON: Tuve un sueño.

VLADIMIR: ¡No me lo cuentes!

ESTRAGON: Soñaba que...

VLADIMIR: ¡NO ME LO CUENTES!

ESTRAGON *(con un gesto hacia el universo)*: ¿Te basta esto? *(Silencio.)* No eres nada amable, Didi. ¿A quién quieres que cuente mis pesadillas más íntimas, sino a ti?

VLADIMIR: Que sigan siendo muy íntimas. De sobras sabes que no las soporto.

ESTRAGON *(con frialdad)*: A veces me pregunto si no sería mejor que nos separásemos.

VLADIMIR: No irías lejos.

ESTRAGON: Cierto, ése sería un grave inconveniente. ¿Verdad que ése sería un grave inconveniente, Didi? *(Pausa.)* En vista de la belleza del camino. *(Pausa.)* Y la bondad de los viajeros. *(Pausa. Mimoso.)* ¿No es cierto, Didi?

VLADIMIR: Calma.

ESTRAGON *(voluptuoso)*: Calma... Calma... *(Soñado-ramente.)* Los ingleses dicen caaam. Son gentes caaams. *(Pausa.)* ¿Conoces la historia del inglés en el burdel?

VLADIMIR: Sí.

ESTRAGON: Cuéntamela.

VLADIMIR: Basta.

ESTRAGON: Un inglés en estado ebrio fue a un burdel. La dueña le preguntó si quería una rubia, una morena o una pelirroja. Continúa.

VLADIMIR: ¡Basta!

(Vladimir sale. Estragon se levanta y le sigue hasta el límite del escenario. Mímica de Estragon idéntica a la que los esfuerzos del pugilista arranca al espectador. Vladimir regresa, pasa ante Estragon, cruza la escena, con la vista baja. Estragon da unos pasos hacia él, se detiene.)

ESTRAGON *(dulcemente)*: ¿Querías hablarme? *(Vladimir no responde. Estragon avanza un paso.)* ¿Tenías algo que decirme? *(Silencio. Avanza otro paso.)* Dime, Didi...

VLADIMIR *(sin volverse)*: No tengo nada que decirte.

ESTRAGON *(Paso al frente.)*: ¿Estás enfadado? *(Silencio. Avanza otro paso.)* ¡Perdón! *(Silencio.*

23

Avanza otro paso. Le toca en el hombro.) Vamos, Didi. *(Silencio.)* ¡Dame la mano! *(Vladimir se vuelve.)* ¡Bésame! *(Vladimir se envara.)* ¡Déjate hacer! *(Vladimir se ablanda. Se besan. Estragon retrocede.)* ¡Apestas a ajo!

VLADIMIR: Es para los riñones. *(Silencio. Estragon mira el árbol con atención.)* Y ahora, ¿qué hacemos?

ESTRAGON: Esperamos.

VLADIMIR: Sí, ¿pero mientras esperamos?

ESTRAGON: ¿Y si nos ahorcáramos?

VLADIMIR: Sería un buen medio para que se nos pusiera tiesa.

ESTRAGON *(excitado)*: ¿Lo hacemos?

VLADIMIR: Con todo lo que sigue. Allí donde eso cae crecen mandrágoras. Por eso gritan cuando las arrancan. ¿No lo sabías?

ESTRAGON: Ahorquémonos ahora mismo.

VLADIMIR: ¿De una rama? *(Se acercan al árbol y lo observan.)* No me fío.

ESTRAGON: Siempre podemos intentarlo.

VLADIMIR: Inténtalo.

ESTRAGON: Después de ti.

VLADIMIR: No, tú primero.

ESTRAGON: ¿Por qué?

VLADIMIR: Pesas menos que yo.

ESTRAGON: Exactamente.

VLADIMIR: No lo comprendo.

ESTRAGON: Vamos, reflexiona un poco.

(Vladimir reflexiona.)

VLADIMIR *(por fin)*: No lo comprendo.

ESTRAGON: Te lo explicaré. *(Reflexiona.)* La rama... la rama... *(Colérico.)* ¡Pero trata de comprenderlo!

VLADIMIR: Sólo cuento contigo.

ESTRAGON *(con esfuerzo)*: Gogo liviano — no romper rama — Gogo muerto. Didi pesado — romper rama — Didi solo. *(Pausa.)* Mientras que... *(Busca la expresión exacta.)*

VLADIMIR: No se me había ocurrido.

ESTRAGON *(La ha encontrado.)*: Quien puede lo más, puede lo menos.

VLADIMIR: Pero, ¿acaso peso más que tú?

ESTRAGON: Tú lo has dicho. Yo no sé nada. Existe una probabilidad entre dos. O casi.

VLADIMIR: Entonces, ¿qué hacemos?

ESTRAGON: No hagamos nada. Es lo más prudente.

VLADIMIR: Esperemos a ver qué nos dice.

ESTRAGON: ¿Quién?

VLADIMIR: Godot.

ESTRAGON: Claro.

VLADIMIR: Esperemos hasta estar seguros.

ESTRAGON: Por otra parte, quizá sería mejor hacer las cosas en caliente.

VLADIMIR: Tengo curiosidad por saber qué va a decirnos. Sea lo que sea no nos compromete a nada.

ESTRAGON: ¿Qué le hemos pedido concretamente?

VLADIMIR: ¿No estabas?

ESTRAGON: No presté atención.

VLADIMIR: Bueno... Nada muy concreto.

ESTRAGON: Una especie de súplica.

VLADIMIR: Eso es.

ESTRAGON: Una vaga súplica.

VLADIMIR: Si tú lo dices.

ESTRAGON: ¿Qué contestó?

VLADIMIR: Que ya vería.

ESTRAGON: Que no podía prometer nada.

VLADIMIR: Que necesitaba pensar.

ESTRAGON: Con la mente despejada.

VLADIMIR: Consultar con la familia.

ESTRAGON: Sus amigos.

VLADIMIR: Sus agentes.

ESTRAGON: Sus corresponsales.

VLADIMIR: Sus registros.

ESTRAGON: Su cuenta corriente.

VLADIMIR: Antes de pronunciarse.

ESTRAGON: Es natural.

VLADIMIR: ¿No?

ESTRAGON: Lo supongo.

VLADIMIR: Yo también.

(Descanso.)

ESTRAGON *(inquieto)*: ¿Y nosotros?

VLADIMIR: ¿Qué dices?

ESTRAGON: Digo, ¿y nosotros?

VLADIMIR: No comprendo.

ESTRAGON: ¿Cuál es nuestro papel en este asunto?

VLADIMIR: ¿Nuestro papel?

ESTRAGON: Tómate tiempo.

VLADIMIR: ¿Nuestro papel? El del suplicante.

ESTRAGON: ¿Hasta este extremo?

VLADIMIR: ¿El señor tiene exigencias que hacer valer?

ESTRAGON: ¿Ya no tenemos derechos?

(Risa de Vladimir, quien se reprime como antes. Mismos gestos, salvo la sonrisa.)

VLADIMIR: Me harías reír, si me estuviera permitido.

ESTRAGON: ¿Los hemos perdido?

VLADIMIR *(con claridad)*: Los hemos vendido.

(Silencio. Permanecen inmóviles, con los brazos colgantes, la cabeza sobre el pecho, las rodillas dobladas.)

ESTRAGON *(débilmente)*: ¿No estamos atados, verdad? *(Pausa.)* ¿Eh?
VLADIMIR *(levanta la mano)*: ¡Escucha!

(Escuchan, grotescamente inmóviles.)

ESTRAGON: No oigo nada.
VLADIMIR: ¡Pssst! *(Escuchan. Estragon pierde el equilibrio, casi se cae. Se agarra al brazo de Vladimir, quien se tambalea. Escuchan, apretados uno contra otro, mirándose fijamente a los ojos.)* Yo tampoco. *(Suspiros de alivio. Desahogo. Se separan.)*
ESTRAGON: Me asustaste.
VLADIMIR: Creí que era él.
ESTRAGON: ¿Quién?
VLADIMIR: Godot.
ESTRAGON: ¡Bah! El viento contra las cañas.
VLADIMIR: Hubiera jurado que eran gritos.
ESTRAGON: ¿Y por qué iba a gritar?
VLADIMIR: En pos de su caballo.

(Silencio.)

ESTRAGON: Vayámonos.
VLADIMIR: ¿Dónde? *(Pausa.)* Esta noche quizá durmamos en su casa, en un lugar seco y caliente, con el estómago lleno, sobre un jergón. Vale la pena esperar, ¿no?

ESTRAGON: Toda la noche, no.
VLADIMIR: Aún es de día.

(Silencio.)

ESTRAGON: Tengo hambre.
VLADIMIR: ¿Quieres una zanahoria?
ESTRAGON: ¿No hay otra cosa?
VLADIMIR: Debo tener algunos nabos.
ESTRAGON: Dame una zanahoria. *(Vladimir hurga en sus bolsillos, saca un nabo y se lo da a Estragon.)* Gracias. *(Lo muerde. Lastimeramente.)* ¡Es un nabo!
VLADIMIR: ¡Oh, perdón! Hubiese jurado que era una zanahoria. *(Hurga de nuevo en sus bolsillos; sólo encuentra nabos.)* Te habrás comido la última. *(Busca.)* Espera, aquí está. *(Saca por fin una zanahoria y se la da a Estragon.)* Aquí tienes, querido. *(Estragon la limpia con la man-*

ga y empieza a comerla.) Devuélveme el nabo. *(Estragon le devuelve el nabo.)* Hazla durar, no hay más.

ESTRAGON *(Masticando.)*: Te pregunté algo.

VLADIMIR: Ah.

ESTRAGON: ¿Me has contestado?

VLADIMIR: ¿Está rica tu zanahoria?

ESTRAGON: Es muy dulce.

VLADIMIR: Tanto mejor, tanto mejor. *(Pausa.)* ¿Qué querías saber?

ESTRAGON: Ya no lo recuerdo. *(Mastica.)* Me fastidia no recordarlo. *(Mira la zanahoria apreciativamente y la hace girar en el aire con la punta de los dedos.)* Tu zanahoria es deliciosa. *(Chupa, meditativo, la punta.)* Espera, ya recuerdo. *(Le arrea un mordisco.)*

VLADIMIR: ¿Sí?

ESTRAGON *(con la boca llena, distraído)*: ¿No estamos atados, verdad?

VLADIMIR: No entiendo nada.

ESTRAGON *(Mastica, traga.)*: Pregunto si estamos atados.

VLADIMIR: ¿Atados?

ESTRAGON: Atados.

VLADIMIR: ¿Cómo atados?

ESTRAGON: De pies y manos.

VLADIMIR: Pero, ¿a quién? ¿Por quién?

ESTRAGON: A tu buen hombre.

VLADIMIR: ¿A Godot? ¿Atados a Godot? ¡Qué idea! ¡De ningún modo! *(Pausa.)* Todavía no.

ESTRAGON: ¿Se llama Godot?

VLADIMIR: Creo que sí.

ESTRAGON: ¡Toma! *(Alza lo que queda de zanahoria y lo hace girar delante de sus ojos.)* Es curioso, cuanto más corta más mala.

VLADIMIR: Para mí, todo lo contrario.

ESTRAGON: ¿Es decir?

VLADIMIR: Yo le voy tomando gusto a medida que la como.

ESTRAGON *(después de reflexionar un buen rato)*: ¿Eso es lo contrario?

VLADIMIR: Cuestión de temperamento.

ESTRAGON: De carácter.

VLADIMIR: No se puede hacer nada.

ESTRAGON: Es inútil esforzarse.

VLADIMIR: Uno sigue siendo lo que es.

ESTRAGON: Por mucho que se retuerza.

VLADIMIR: El fondo no cambia.

ESTRAGON: Nada que hacer. *(Tiende a Vladimir el resto de zanahoria.)* ¿Quieres acabártela?

(Se oye un grito terrible, muy cerca. Estragon suelta la zanahoria. Permanecen inmóviles, luego se precipitan hacia bastidores. Estragon se detiene a medio

camino, vuelve sobre sus pasos, recoge la zanahoria, se la mete en el bolsillo, va hacia Vladimir que le espera, se detiene de nuevo, vuelve sobre sus pasos, recoge su zapato, después corre a reunirse con Vladimir. Muy juntos, la cabeza sobre los hombros, dan la espalda al peligro; esperan.

Entran Pozzo y Lucky. Aquél conduce a éste por medio de una cuerda anudada al cuello, de modo que primero sólo se ve a Lucky seguido de la cuerda, lo bastante larga como para que pueda llegar al centro del escenario antes de que aparezca Pozzo. Lucky lleva una pesada maleta, una silla plegable, un cesto de provisiones y un abrigo [en el brazo]; Pozzo, un látigo.)

Pozzo *(entre bastidores)*: ¡Más rápido! *(Chasquido de látigo. Entra Pozzo. Cruzan el escenario. Lucky pasa ante Vladimir y Estragon, y sale. Pozzo, al ver a Vladimir y a Estragon, se detiene. La cuerda se tensa. Pozzo tira violentamente de ella.)* ¡Atrás! *(Ruido de caída. Lucky ha caído con toda la carga. Vladimir y Estragon le miran, indecisos entre el deseo de ayudarle y el temor de mezclarse en lo que no les incumbe. Vladimir avanza un paso hacia Lucky, Estragon le retiene por la manga.)*

VLADIMIR: ¡Déjame!

ESTRAGON: Cálmate.

POZZO: ¡Cuidado! Es malo. *(Estragon y Vladimir lo miran.)* Con los desconocidos.

ESTRAGON *(en voz baja)*: ¿Es él?

VLADIMIR: ¿Quién?

ESTRAGON: Vamos...

VLADIMIR: ¿Godot?

ESTRAGON: Claro.

POZZO: Me presento: Pozzo.

VLADIMIR: ¡Qué va!

ESTRAGON: Ha dicho Godot.

VLADIMIR: ¡Qué va!

ESTRAGON *(a Pozzo)*: ¿No es usted el señor Godot, señor?

POZZO *(voz espeluznante)*: ¡Soy Pozzo! *(Silencio.)* ¿No les dice nada este nombre? *(Silencio.)* Les pregunto si este nombre no les dice nada.

(Vladimir y Estragon se interrogan con la mirada.)

ESTRAGON *(fingiendo pensar)*: Bozo... Bozzo...

VLADIMIR *(igual)*: Pozzo...

POZZO: ¡PPPPOZZO!

ESTRAGON: ¡Ah! Pozzo... veamos... Pozzo...

VLADIMIR: ¿Pozzo o Bozzo?

ESTRAGON: Pozzo... no, no me dice nada.

VLADIMIR *(conciliador)*: Conocí a una familia Gozzo. La madre bordaba.

(Pozzo avanza, amenazador.)

ESTRAGON *(con vivacidad)*: No somos del lugar, señor.

POZZO *(Se detiene.)*: Sin embargo, son seres humanos. *(Se pone las gafas.)* Por lo que veo. *(Se quita las gafas.)* De mi misma especie. *(Rompe a reír a carcajadas.)* ¡De la misma especie que Pozzo! ¡De origen divino!

VLADIMIR: Es decir...

POZZO *(tajante)*: ¿Quién es Godot?

ESTRAGON: ¿Godot?

POZZO: Ustedes me han tomado por Godot.

VLADIMIR: ¡Oh, no, señor, ni por un momento, señor!

POZZO: ¿Quién es?

VLADIMIR: Bueno, es un... es un conocido.

ESTRAGON: No, no, que va, apenas lo conocemos.

VLADIMIR: Evidentemente... no le conocemos demasiado... pero de todos modos...

ESTRAGON: Yo, ni le reconocería.

POZZO: Ustedes me han tomado por él.

ESTRAGON: Bueno... la oscuridad... la fatiga... la debilidad... la espera... confieso... creí... por un momento...

VLADIMIR: ¡No le crea, señor, no le crea!

POZZO: ¿La espera? ¿Entonces, le esperaban?

VLADIMIR: Bueno...

POZZO: ¿Aquí? ¿En mis propiedades?

VLADIMIR: No creíamos hacer nada malo.

ESTRAGON: Teníamos buenas intenciones.

POZZO: El camino es de todos.

VLADIMIR: Es lo que nos dijimos.

POZZO: Es una vergüenza, pero así es.

ESTRAGON: No hay nada que hacer.

POZZO *(con gesto ampuloso)*: No hablemos más del asunto. *(Tira de la cuerda.)* ¡En pie! *(Pausa.)* Cada vez que se cae se duerme. *(Tira de la cuerda.)* ¡En pie, carroña! *(Ruido de Lucky que se levanta y recoge su carga. Pozzo tira de la cuerda.)* ¡Atrás! *(Lucky entra retrocediendo.)* ¡Quieto! *(Lucky se detiene.)* ¡Vuélvete! *(Lucky se vuelve. A Vladimir y a Estragon, amable.)* Amigos míos, me siento feliz por haberles encontrado. *(Ante su expresión de incredulidad.)* Sí, sí, feliz de verdad. *(Tira de la cuerda.)* ¡Más cerca! *(Lucky avanza.)* ¡Quieto! *(Lucky se detiene. A Vladimir y a Estragon.)* Ya se sabe, el camino es largo cuando se anda solo durante... *(Consulta el reloj.)*... durante... *(Calcula.)*... seis horas, sí, eso es, seis horas sin encontrar alma viviente. *(A Lucky.)* ¡Abrigo! *(Lucky deja la maleta en el suelo, avanza, entrega el abrigo, retrocede, vuelve a coger la maleta.)* Toma. *(Pozzo le da el látigo, Lucky avanza y, al no tener ya manos libres, se inclina y coge el látigo con los dientes, después retrocede. Pozzo empieza a ponerse el abrigo, se detiene.)* ¡Abrigo! *(Lucky deja todo en el suelo, avanza, ayuda a Pozzo a ponerse el abrigo, retrocede, vuelve a cogerlo todo.)* El aire es fresco. *(Termina de abrocharse el abrigo, se inclina, se observa, se incorpora.)* ¡Látigo! *(Lucky avanza, se inclina, Pozzo le arranca el látigo de entre los dientes, Lucky retrocede.)* Ya ven, amigos míos, no puedo privarme durante demasiado tiempo de la compañía de mis semejantes *(observa a los dos semejantes)*, aunque sólo se me parezcan muy poco. *(A Lucky.)* ¡Silla! *(Lucky deja la maleta y la cesta, avanza, abre la silla plegable, retrocede, la coloca en el suelo, retrocede, vuelve a coger el cesto y la maleta. Pozzo mira la silla plegable.)* ¡Más cerca! *(Lucky deja la maleta y el cesto, avanza, mueve la silla, retrocede, vuelve a coger la silla y el cesto. Pozzo se sienta, apoya el extremo del látigo en el pecho de Lucky y empuja.)* ¡Atrás! *(Lucky retrocede.)* Más. *(Lucky retrocede más.)* ¡Para! *(Lucky se detiene. A Vladimir y a Estragon.)* Por eso, con su permiso, me quedaré un rato con ustedes, antes de aventurarme más adelante. *(A Lucky.)* ¡Cesto! *(Lucky avanza, le da el cesto, retrocede.)* El aire libre abre el apetito. *(Abre el cesto, saca un trozo de pollo, un trozo de pan y una botella de vino. A Lucky.)* ¡Cesto! *(Lucky avanza, coge el cesto, retrocede, se queda quieto.)* ¡Más lejos! *(Lucky retrocede.)* ¡Ahí! *(Lucky se detiene.)* ¡Atufa! *(Bebe un trago directamente de la botella.)* ¡A nuestra salud! *(Deja la botella y empieza a comer.)*

(Silencio. Estragon y Vladimir, poco a poco, se envalentonan y empiezan a dar vueltas alrededor de Lucky observándole de arriba abajo. Pozzo hinca el diente con voracidad en el trozo de pollo y tira los huesos tras haberlos chupado. Lucky se dobla lentamente, hasta que la maleta roza el suelo, se incorpora bruscamente, empieza a doblarse de nuevo. Ritmo de quien duerme en pie.)

ESTRAGON: ¿Qué le sucede?

VLADIMIR: Tiene aspecto cansado.

ESTRAGON: ¿Por qué no deja el equipaje en el suelo?

VLADIMIR: ¡Y yo qué sé! *(Se acercan más a él.)* ¡Cuidado!

ESTRAGON: ¿Y si le habláramos?

VLADIMIR: ¡Mira eso!

ESTRAGON: ¿Qué?

VLADIMIR *(señalando)*: El cuello.

ESTRAGON *(mirando el cuello)*: No veo nada.

VLADIMIR: Ven aquí, mira.

(Estragon se pone en el lugar que ocupaba Vladimir.)

ESTRAGON: Es cierto.
VLADIMIR: Es carne viva.
ESTRAGON: Es la cuerda.
VLADIMIR: A fuerza de rozarle.
ESTRAGON: Qué quieres.
VLADIMIR: Es el nudo.
ESTRAGON: Es fatal.

(Prosiguen la inspección, se detienen en el rostro.)

VLADIMIR: No está mal.
ESTRAGON: *(Se encoge de hombros y hace una mueca)*: ¿Tú crees?
VLADIMIR: Un poco afeminado.
ESTRAGON: Babea.
VLADIMIR: A la fuerza.
ESTRAGON: Echa espuma.
VLADIMIR: Quizá sea idiota.
ESTRAGON: Un cretino.
VLADIMIR *(Adelanta la cabeza.)*: Parece que tiene bocio.
ESTRAGON *(igual)*: No es seguro.
VLADIMIR: Jadea.

ESTRAGON: Es normal.

VLADIMIR: ¡Qué ojos!

ESTRAGON: ¿Qué tienen?

VLADIMIR: Se le salen.

ESTRAGON: Creo que está a punto de reventar.

VLADIMIR: No estés tan seguro. *(Pausa.)* Pregúntale algo.

ESTRAGON: ¿Tú crees?

VLADIMIR: ¿Qué arriesgamos?

ESTRAGON *(tímido)*: Señor...

VLADIMIR: Más alto.

ESTRAGON *(más alto)*: Señor...

POZZO: ¡Déjenlo tranquilo! *(Se vuelven hacia Pozzo que, tras terminar su comida, se limpia la boca con el dorso de la mano.)* ¿No ven que quiere descansar? *(Saca la pipa y empieza a llenarla. Estragon descubre los huesos del pollo en el suelo y los mira fijamente, con voracidad. Pozzo prende una cerilla y empieza a encender su pipa.)* ¡Cesto! *(Lucky no se mueve, Pozzo arroja la cerilla con un gesto impetuoso y tira de la cuerda.)* ¡Cesto! *(Lucky, a punto de caer, recupera el equilibrio, avanza, mete la botella en el cesto, regresa a su sitio y adopta la misma actitud de antes. Estragon mira fijamente los huesos, Pozzo prende una segunda cerilla y enciende la pipa.)* ¿Qué quiere usted?, éste no es su trabajo. *(As-*

pira una bocanada, estira las piernas.) Ah, ahora estoy mejor.

ESTRAGON *(tímido)*: Señor...

POZZO: ¿Qué desea, amigo?

ESTRAGON: Este... ¿usted no come... este... ya no necesita... los huesos... señor?

VLADIMIR *(furioso)*: ¿No podrías esperar?

POZZO: No, no, claro que no, es natural. ¿Que si necesito los huesos? *(Los mueve con el extremo del látigo.)* No, personalmente ya no los necesito. *(Estragon avanza un paso en dirección a los huesos.)* Pero... *(Estragon se detiene.)* Pero en principio los huesos pertenecen al maletero. Así que hay que preguntárselo a él. *(Estragon se vuelve hacia Lucky, duda.)* Pregúnteselo, pregúnteselo, sin miedo, él se lo dirá.

(Estragon se dirige hacia Lucky, se detiene ante él.)

ESTRAGON: Señor... perdón, señor...
(Lucky no reacciona. Pozzo hace chasquear su látigo. Lucky levanta la cabeza.)

POZZO: Te están hablando, cerdo. Contesta. *(A Estragon.)* Pregúntele.

ESTRAGON: Perdón, señor, los huesos, los quiere.

(Lucky mira a Estragon fijamente.)

Pozzo *(al cielo)*: ¡Señor! *(Lucky baja la cabeza.)* ¡Responde! ¿Los quieres o no? *(Silencio de Lucky. A Estragon.)* Son suyos. *(Estragon se precipita sobre los huesos, los recoge y empieza a roerlos.)* Es extraño. Es la primera vez que rechaza un hueso. *(Observa a Lucky con inquietud.)* Espero que no me hará la broma de ponerse enfermo. *(Chupa la pipa.)*

Vladimir *(Estalla.)*: ¡Es vergonzoso!

(Silencio. Estragon, estupefacto, deja de roer, mira a Vladimir y a Pozzo alternativamente. Pozzo muy tranquilo. Vladimir cada vez más agitado.)

Pozzo *(a Vladimir)*: ¿Se refiere usted a algo en particular?

Vladimir *(decidido y tartamudeando)*: Tratar a un hombre *(Señala a Lucky.)* de este modo... lo encuentro... un ser humano... no... ¡es vergonzoso!

Estragon *(no queriendo ser menos)*: ¡Un escándalo! *(Vuelve a roer.)*

Pozzo: Son ustedes muy severos. *(A Vladimir.)* ¿Qué edad tiene usted, si no es indiscreción? *(Silencio.)* ¿Sesenta?... ¿Setenta?... *(A Estragon.)* ¿Qué edad puede tener?

41

ESTRAGON: Pregúnteselo.

POZZO: Soy indiscreto. *(Vacía la pipa golpeándola contra el látigo, se levanta.)* Voy a dejarles. Gracias por su compañía. *(Reflexiona.)* A no ser que fume otra pipa con ustedes. ¿Qué les parece? *(No contestan.)* Oh, no soy un gran fumador; no soy un gran fumador, y no estoy acostumbrado a fumar dos pipas una tras otra porque *(se lleva la mano al corazón)* me produce taquicardia. *(Pausa.)* Es la nicotina, uno se la traga a pesar de cuantas precauciones pueda tomar. *(Suspira.)* ¿Qué quieren que les diga? *(Silencio.)* Pero quizás ustedes no sean fumadores. ¿Sí? ¿No? Bueno, es un detalle. *(Silencio.)* Pero, ¿cómo puedo sentarme de nuevo con naturalidad ahora que ya me había levantado? ¿Sin parecer —como diría— que claudico? *(A Vladimir.)* ¿Cómo dice? *(Silencio.)* ¿No ha dicho usted nada? *(Silencio.)* No tiene importancia. Veamos... *(Reflexiona.)*

ESTRAGON: ¡Ah, ahora me siento mejor! *(Tira los huesos.)*

VLADIMIR: Vámonos.

ESTRAGON: ¿Ya?

POZZO: ¡Un momento! *(Tira de la cuerda.)* ¡Silla! *(La señala con el látigo. Lucky mueve la silla.)* ¡Más! ¡Allí! *(Vuelve a sentarse, Lucky retrocede, coge otra vez la maleta y el cesto.)* ¡Ya estoy instalado de nuevo! *(Empieza a llenar la pipa.)*

VLADIMIR: Vámonos.

POZZO: Supongo que no se marchan por mi causa. Quédense un rato más, no se arrepentirán.

ESTRAGON *(oliendo la limosna)*: Tenemos tiempo.

POZZO *(tras encender la pipa)*: La segunda siempre es peor *(Saca la pipa de la boca, la observa.)* que la primera, quiero decir. *(Vuelve a meterse la pipa en la boca.)* Pero, de todos modos, es buena.

VLADIMIR: Yo me voy.

POZZO: No puede soportar mi presencia. No hay duda de que soy poco humano, pero, ¿es eso una razón? *(A Vladimir.)* Reflexione antes de cometer una imprudencia. Supongamos que se vayan ahora, cuando aún es de día, pues a pesar de todo aún es de día. *(Los tres miran hacia el cielo.)* Bien, ¿qué sucede en tal caso? *(Quita la pipa de la boca, la mira.)*, se apagó *(vuelve a encender la pipa)*, en tal caso... en tal caso... qué sucede en tal caso con la cita que tiene con ese... Godet... Godot... Godin... *(Silencio.)*... en fin, ya entienden a qué me refiero, de quién depende *(Silencio.)*... en fin su porvenir inmediato.

ESTRAGON: Tiene razón.

VLADIMIR: ¿Cómo lo sabe?

POZZO: ¡Vaya! ¡Vuelve a dirigirme la palabra! Acabaremos por encariñarnos.

ESTRAGON: ¿Por qué no deja el equipaje en el suelo?

POZZO: A mí también me haría feliz encontrarle. Cuanta más gente encuentro, más feliz soy. Con la criatura más insignificante, uno aprende, se enriquece, saborea mejor su felicidad. Ustedes mismos (*Los mira con atención uno tras otro para que los dos se sientan observados.*), ustedes mismos, quién sabe, quizá me hayan aportado algo.

ESTRAGON: ¿Por qué no deja el equipaje en el suelo?

POZZO: Pero me extrañaría.

VLADIMIR: Le ha preguntado algo.

POZZO (*distraído*): ¿Preguntado? ¿Quién? ¿Qué? (*Silencio.*) Hace un momento me llamaban señor, temblando. Ahora ya me hacen preguntas. Eso terminará muy mal.

VLADIMIR (*a Estragon*): Creo que te escucha.

ESTRAGON (*que vuelve a dar vueltas alrededor de Lucky*): ¿Qué?

VLADIMIR: Ahora puedes preguntarle. Está alerta.

ESTRAGON: Preguntarle, ¿qué?

VLADIMIR: Por qué no deja el equipaje en el suelo.

ESTRAGON: Eso mismo me pregunto yo.

VLADIMIR: Pues pregúntaselo, anda.

POZZO *(que les ha escuchado con ansiosa atención, temeroso de que la pregunta se pierda)*: Me pregunta por qué no deja el equipaje, como usted dice.

VLADIMIR: Eso es.

POZZO *(a Estragon)*: ¿Está usted de acuerdo?

ESTRAGON *(sigue dando vueltas alrededor de Lucky)*: Resopla como una foca.

POZZO: Voy a contestarles. *(A Estragon.)* Pero estése quieto, por favor, me pone usted nervioso.

VLADIMIR: Ven aquí.

ESTRAGON: ¿Qué sucede?

VLADIMIR: Va a hablar.

(Quietos, pegados uno al otro, escuchan.)

POZZO: Perfecto. ¿Están todos? ¿Me miran todos? *(Mira a Lucky, tira de la cuerda. Lucky levanta la cabeza.)* Mírame, cerdo. *(Lucky le mira.)* Perfecto. *(Se mete la pipa en el bolsillo, saca un pulverizador, se rocía la garganta y vuelve a metérselo en el bolsillo, carraspea, escupe, vuelve a sacar el pulverizador, se rocía la garganta y vuelve a metérselo en el bolsillo.)* Estoy preparado. ¿Me escuchan todos? *(Mira a Lucky y tira de la cuerda.)* ¡Acércate! *(Lucky avanza.)* ¡Ahí! *(Lucky se detiene.)* ¿Están todos preparados? *(Mira a los tres, en último lugar a Lucky, y tira de la cuerda.)* ¿Ya? *(Lucky levanta la cabeza.)* No me gusta hablar sin que me atiendan. Bueno. Veamos. *(Reflexiona.)*

ESTRAGON: Yo me voy.

POZZO: ¿Qué es exactamente lo que me han preguntado?

VLADIMIR: ¿Por qué el...?

POZZO *(colérico)*: ¡No me interrumpan cuando hablo! *(Pausa. Más calmado.)* Si hablamos todos al mismo tiempo no nos entenderemos. *(Pausa.)* ¿Por dónde iba? *(Pausa. Más alto.)* ¿Qué estaba diciendo?

(Vladimir imita a alguien que llevara una pesada carga. Pozzo le observa sin comprender.)

ESTRAGON *(con énfasis)*: ¡Equipaje! *(Señala a Lucky.)* ¿Por qué? Siempre lo acarrea. *(Imita a alguien que se dobla por un peso, jadea.)* Nunca lo deja. *(Alza las manos al aire, se levanta, aliviado.)* ¿Por qué?

POZZO: Ya comprendo. Haberlo dicho antes. ¿Por qué no se pone cómodo? Intentemos ver claro. ¿No tiene derecho? Sí. Entonces, ¿no quiere?

Es un buen razonamiento. ¿Y por qué no quiere? *(Pausa.)* Señores, les diré por qué.

VLADIMIR: ¡Cuidado!

POZZO: Para impresionarme, para que no le deje.

ESTRAGON: ¿Cómo?

POZZO: Quizá no me haya expresado bien. Trata de inspirarme piedad para que no me separe de él. No, no se trata exactamente de esto.

VLADIMIR: ¿Quiere usted deshacerse de él?

POZZO: El desea quedarse conmigo, pero no se quedará.

VLADIMIR: ¿Quiere usted deshacerse de él?

POZZO: Cree que, viéndole tan eficaz cargador, le emplearé como tal en el futuro.

ESTRAGON: ¿Y usted no quiere?

POZZO: En realidad, carga como un cerdo. No es su trabajo.

VLADIMIR: ¿Quiere usted deshacerse de él?

POZZO: Cree que al verle infatigable, me arrepentiré de mi decisión. Tal es su lamentable cálculo. Como si me faltasen peones. *(Los tres miran a Lucky.)* ¡Atlas, hijo de Júpiter! *(Silencio.)* Ya está. Supongo que he contestado a su pregunta. ¿Algo más? *(Usa el pulverizador.)*

VLADIMIR: ¿Quiere usted deshacerse de él?

POZZO: Piensan que yo hubiera podido estar en su

lugar y él en el mío. Si el azar no se hubiera opuesto. A cada cual lo suyo.

VLADIMIR: ¿Quiere usted deshacerse de él?

POZZO: ¿Qué dice?

VLADIMIR: ¿Quiere usted deshacerse de él?

POZZO: Naturalmente. Pero en lugar de echarle, como muy bien hubiera podido hacer, quiero decir, en lugar de ponerle de patitas en la calle, es tal mi bondad que lo llevo al mercado de San Salvador, en donde espero sacar algo de él. Lo cierto es que a seres como éste no se les puede echar. Para hacerlo bien, sería necesario matarles.

(Lucky llora.)

ESTRAGON: Llora.

POZZO: Los perros viejos tienen más dignidad. *(Le da un pañuelo a Estragon.)* Consuélelo, puesto que le compadece. *(Estragon duda.)* Tome. *(Estragon coge el pañuelo.)* Séquele los ojos. Así se sentirá menos abandonado.

(Estragon sigue dudando.)

VLADIMIR: Dame, yo lo haré.

(Estragon no quiere darle el pañuelo. Gestos infanti-les.)

POZZO: Dése prisa. Pronto dejará de llorar. *(Estragon se acerca a Lucky y se dispone a secarle los ojos. Lucky le pega un violento puntapié en la tibia. Estragon suelta el pañuelo. Se echa hacia atrás y da la vuelta al escenario cojeando y au-llando de dolor.)* Pañuelo. *(Lucky deja la ma-leta y el cesto en el suelo, recoge el pañuelo, se adelanta, se lo da a Pozzo, retrocede, vuelve a coger la maleta y el cesto.)*

ESTRAGON: ¡Canalla! ¡Cerdo! *(Se arremanga el pan-talón.)* ¡Me ha hecho polvo!

POZZO: Le advertí que no le gustaban los desco-nocidos.

VLADIMIR *(a Estragon)*: Déjame ver. *(Estragon le enseña la pierna. A Pozzo, colérico.)* ¡Sangra!

POZZO: Eso es bueno.

ESTRAGON *(con la pierna herida al descubierto)*: ¡Nunca más podré andar!

VLADIMIR *(tiernamente)*: Yo te ayudaré. *(Pausa.)* En caso necesario.

POZZO: Ya no llora. *(A Estragon.)* En cierto modo usted le ha sustituido. *(Pensativo.)* Las lágrimas del mundo son inmutables. Cuando alguien empieza a llorar, alguien deja de hacerlo en

otra parte. Lo mismo sucede con la risa. *(Ríe.)*
No hablemos mal de nuestra época, no es peor
que las pasadas. *(Silencio.)* Pero tampoco hablemos bien. *(Silencio.)* No hablemos. *(Silencio.)* Es verdad que la población ha aumen-
tado.

VLADIMIR: Intenta andar.

*(Estragon avanza cojeando, se detiene delante de
Lucky y le escupe, luego va a sentarse en el lugar en
donde estaba sentado antes de levantarse el telón.)*

POZZO: ¿Saben quién me ha enseñado estas cosas
tan hermosas? *(Pausa señalando a Lucky.)* ¡El!

VLADIMIR *(mirando hacia el cielo)*: ¿No llegará nunca la noche?

POZZO: Sin él jamás hubiera pensado, jamás sentido más que cosas rastreras, vinculadas a mi
profesión de... ¡qué más da! La belleza, la gracia, la verdad máxima, era incapaz de ellas.
Entonces cogí un *knuk*.

VLADIMIR *(a pesar suyo, dejando de observar el
cielo)*: Un *knuk*.

POZZO: Pronto hará sesenta años de esto... *(calcula
mentalmente)*... sí, pronto hará sesenta. *(Se yergue orgullosamente.)* No los aparento, ¿verdad?
(Vladimir mira a Lucky.) Comparado con él pa-

rezco un hombre joven, ¿verdad? *(Pausa.* . *cky.)* ¡Sombrero! *(Lucky deja el cesto y se quita el sombrero. Una abundante cabellera blanca le cae a ambos lados del rostro. Se pone el sombrero bajo el brazo y vuelve a coger el cesto.)* Ahora, miren. *(Pozzo se quita el sombrero.*[1] *Es completamente calvo. Vuelve a calarse el sombrero.)* ¿Han visto?

VLADIMIR: ¿Qué es un *knuk*?

POZZO: Ustedes no son del lugar. ¿Pertenecen ustedes al siglo? En otros tiempos se tenía bufones. Ahora se tienen *knuks*. Aquellos que pueden permitírselo.

VLADIMIR: ¿Y ahora lo despide? ¿A un criado tan viejo y tan fiel?

ESTRAGON: ¡Qué porquería!

(Pozzo cada vez más agitado.)

VLADIMIR: Después de haberle chupado la sangre lo despide como una... *(Medita.)*... como una piel de plátano. Reconozca que...

POZZO *(Gime, se lleva las manos a la cabeza.)*: Ya no puedo... ya no puedo soportarlo más... lo que hace... no pueden ustedes saber... es horro-

---

1. Todos los personajes llevan bombín.

roso... es necesario que se marche... *(Levanta los brazos.)*... Me vuelvo loco... *(Queda derrengado, con la cabeza entre los brazos.)* No puedo más... no puedo más.

(Silencio. Todos miran a Pozzo. Lucky se estremece.)

VLADIMIR: No puede más.

ESTRAGON: Es horroroso.

VLADIMIR: Enloquece.

ESTRAGON: Es repugnante.

VLADIMIR *(a Lucky)*: ¿Cómo se atreve? ¡Es vergonzoso! ¡Un amo tan bondadoso! ¡Hacerle sufrir así! ¡Después de tantos años! ¡Verdaderamente!

POZZO *(Solloza.)*: En otro tiempo... era amable... me ayudaba... me distraía... me ayudaba a ser mejor... ahora... me ha asesinado...

ESTRAGON *(a Vladimir)*: ¿Acaso quiere sustituirle?

VLADIMIR: ¿Cómo?

ESTRAGON: No he comprendido si quiere sustituirle o si no lo quiere a su lado.

VLADIMIR: No creo.

ESTRAGON: ¿Cómo?

VLADIMIR: No sé.

ESTRAGON: Hay que preguntarle.

POZZO *(tranquilo)*: Señores, no sé qué me ha sucedido. Les pido perdón. Olvídense de todo. *(Cada vez más dueño de sí.)* No sé muy bien qué he dicho, pero pueden estar seguros de que ni una sola palabra era cierta. *(Se pone en pie, se golpea el pecho.)* ¿Parezco yo un hombre a quien se le pueda hacer sufrir? ¡Vamos! *(Hurga en sus bolsillos.)* ¿Dónde he puesto mi pipa?

VLADIMIR: Encantadora velada.

ESTRAGON: Inolvidable.

VLADIMIR: Y aún no ha acabado.

ESTRAGON: Parece que no.

VLADIMIR: Acaba de empezar.

ESTRAGON: Es terrible.

VLADIMIR: Es como si estuviéramos en un espectáculo.

ESTRAGON: En el circo.

VLADIMIR: En un music-hall.

ESTRAGON: En el circo.

POZZO: Pero, ¿qué he hecho de mi pipa?

ESTRAGON: ¡Qué gracia! ¡Ha perdido su cachimba! *(Ríe escandalosamente.)*

VLADIMIR: Ya vuelvo. *(Se dirige hacia bastidores.)*

ESTRAGON: Al fondo del pasillo, a la izquierda.

VLADIMIR: Guárdame el sitio. *(Sale.)*

POZZO: ¡He perdido mi Abdullah!

ESTRAGON *(Se retuerce.)*: ¡Es para mondarse de risa!

Pozzo (*Levanta la cabeza.*): ¿No habrán visto...? (*Advierte la ausencia de Vladimir. Desolado.*) ¡Oh, se ha ido!... ¡Sin despedirse! ¡No es de buena educación! Debió haberle retenido.

Estragon: Se retuvo él mismo.

Pozzo: ¡Oh! (*Pausa.*) A tiempo.

Estragon: Venga aquí.

Pozzo: ¿Para qué?

Estragon: Ya verá.

Pozzo: ¿Quiere usted que me levante?

Estragon: Venga... venga... rápido.

(*Pozzo se levanta y se dirige hacia Estragon.*)

Estragon: ¡Mire!

Pozzo: ¡Vaya, vaya!

Estragon: Se acabó.

(*Vladimir regresa, sombrío, empuja a Lucky, tira la silla de un puntapié y va y viene agitadamente.*)

Pozzo: ¿No está contento?

Estragon: Te has perdido algo formidable. Qué lástima.

(*Vladimir se detiene, levanta la silla plegable, reanuda su ir y venir más tranquilo.*)

Pozzo: Se tranquiliza. *(Mira a su alrededor.)* Todo se tranquiliza, lo noto. Reina una gran paz. Escuchen. *(Levanta la mano.)* Pan duerme.

Vladimir *(Se detiene.)*: ¿No llegará nunca la noche?

(Los tres miran al cielo.)

Pozzo: ¿No deberían marcharse antes?

Estragon: Bueno... usted comprende...

Pozzo: Pero si es lógico, es totalmente lógico. Yo mismo..., en su lugar, si tuviera una cita con un Godin... Godet... Godot... en fin, ya saben ustedes a quién me refiero, esperaría a que se hiciese noche cerrada antes de partir. *(Mira la silla.)* Me gustaría volver a sentarme, pero no sé cómo hacerlo.

Estragon: ¿Puedo ayudarle?

Pozzo: Quizá, si me lo pidiera.

Estragon: ¿Qué?

Pozzo: Si me pidiera que volviera a sentarme.

Estragon: ¿Esto serviría de algo?

Pozzo: Creo que sí.

Estragon: Pues bueno. Vuelva a sentarse, señor, se lo ruego.

Pozzo: No, no, no merece la pena. *(Pausa. En voz baja.)* Insista un poco.

Estragon: Pero vamos, no se quede en pie, puede enfriarse.

Pozzo: ¿Usted cree?

Estragon: Con toda seguridad.

Pozzo: Indudablemente, tiene usted razón. *(Vuelve a sentarse.)* Gracias, amigo. Ya estoy instalado otra vez. *(Consulta el reloj.)* Ya es hora de dejarles, si no quiero llegar tarde.

Vladimir: El tiempo se ha detenido.

Pozzo *(acercándose el reloj al oído)*: No lo crea, señor, no lo crea. *(Guarda el reloj en el bolsillo.)* Todo lo que quiera, excepto esto.

Estragon *(a Pozzo)*: Hoy todo lo ve negro.

Pozzo: Salvo el firmamento. *(Ríe, satisfecho de su frase.)* Paciencia, ya llegará. Comprendo lo que sucede, ustedes no son del lugar, no saben lo que son nuestros crepúsculos. ¿Quieren que se lo explique? *(Silencio. Estragon y Vladimir vuelven a mirar uno su zapato, y el otro su sombrero. Cae el sombrero de Lucky sin que éste lo advierta.)* Quisiera satisfacerles. *(Usa el vaporizador.)* Presten atención, por favor. *(Estragon y Vladimir siguen con lo suyo, Lucky está medio dormido. Pozzo hace chasquear el látigo que sólo produce un débil ruido.)* ¿Qué le ocurre a este látigo? *(Se levanta y lo hace chasquear con más fuerza, finalmente con éxito.*

Lucky se sobresalta. El zapato de Estragon y el sombrero de Vladimir se les caen de las manos. Pozzo arroja el látigo.) Este látigo ya no sirve para nada. *(Mira a su auditorio.)* ¿Qué estaba diciendo?

VLADIMIR: Vámonos.

ESTRAGON: Pero no se quede en pie, puede enfermar.

POZZO: Es cierto. *(Vuelve a sentarse. A Estragon.)* ¿Cuál es su nombre?

ESTRAGON *(en el acto)*: Cátulo.

POZZO *(que no ha escuchado)*: ¡Ah, sí, la noche! *(Levanta la cabeza.)* Pero presten más atención, de lo contrario nunca llegaremos a nada. *(Mira el cielo.)* Miren. *(Todos miran al cielo, menos Lucky, que ha vuelto a adormecerse. Pozzo, al advertirlo, tira de la cuerda.)* ¿Quieres mirar al cielo, cerdo? *(Lucky vuelve la cabeza.)* Bueno, es suficiente. *(Bajan la cabeza.)* ¿Qué es lo extraordinario de este cielo? Es pálido y luminoso como cualquier otro cielo a esta hora del día. *(Pausa.)* En estas latitudes. *(Pausa.)* Cuando el tiempo es bueno. *(Su voz se vuelve cantarina.)* Hace una hora *(Consulta el reloj, tono prosaico.)* aproximadamente *(De nuevo tono lírico.)*, después de habernos enviado desde *(Duda, baja la voz.)* digamos las

57

diez de la mañana *(Alza la voz.)*, sin disminuir los torrentes de luz roja y blanca, ha empezado a perder su brillo, a palidecer *(Gesto con las manos descendiéndolas progresivamente.)*, a palidecer, cada vez un poco más, un poco más, hasta que *(Pausa dramática, con un amplio gesto separa las manos en sentido horizontal.)* ¡Zas! ¡se acabó! ¡ya no se mueve! *(Silencio.)* Pero *(Levanta una mano admonitoria.)*..., pero, detrás de ese velo de dulzura y de calma *(Levanta la mirada al cielo, los otros lo imitan, salvo Lucky.)*, la noche galopa *(La voz se torna vibrante.)* y caerá sobre nosotros *(Hace chasquear los dedos.)*, ¡ptac!, así *(Se le acaba la inspiración.)*, en el momento en que menos lo esperemos. *(Silencio. Voz apagada.)* Esto es lo que sucede en esta puta tierra.

(Largo silencio.)

ESTRAGON: Puesto que estamos prevenidos.
VLADIMIR: Podemos aguardar pacientemente.
ESTRAGON: Ya sabemos a qué atenernos.
VLADIMIR: No tenemos por qué inquietarnos.
ESTRAGON: Sólo hay que esperar.
VLADIMIR: Estamos acostumbrados.

(Recoge su sombrero, mira en el interior, lo sacude, se lo cala.)

Pozzo: ¿Qué tal me ha salido? *(Estragon y Vladimir le miran sin entender.)* ¿Bien? ¿Regular? ¿Pasable? ¿Corriente? ¿Francamente mal?

Vladimir *(el primero en comprender)*: Oh, muy bien, realmente bien.

Pozzo *(a Estragon)*: ¿Y a usted, señor?

Estragon *(con acento inglés)*: Oh, muy bien, muy, muy, muy bien.

Pozzo *(impulsivamente)*: ¡Gracias, señores! *(Pausa.)* Necesito que me animen. *(Reflexiona.)* Hacia el final he decaído un poco. ¿No lo han notado?

Vladimir: Oh, quizas un poquito.

Estragon: Creí que lo hacía a propósito.

Pozzo: Es que no tengo buena memoria.

(Silencio.)

Estragon: Mientras se espera, nada ocurre.

Pozzo *(desolado)*: ¿Se aburren?

Estragon: Más bien.

Pozzo *(a Vladimir)*: ¿Y usted, señor?

Vladimir: No es divertido.

(Silencio. Pozzo lucha en su interior.)

POZZO: Señores, ustedes han sido... *(vacila)*... amables conmigo.

ESTRAGON: ¡Qué va!

VLADIMIR: ¡Qué idea!

POZZO: Sí, sí, se han portado con corrección. De modo que me pregunto... ¿Qué podría hacer yo por unas personas tan buenas que se aburren?

ESTRAGON: Una moneda sería bien acogida.

VLADIMIR: No somos mendigos.

POZZO: ¿Qué puedo hacer, me digo, para que el tiempo se les haga más corto? Les he dado huesos, les he hablado de una serie de cosas, les he explicado el crepúsculo, esto es evidente. Dejémoslo. Pero, ¿es suficiente? Es lo que me tortura. ¿Es suficiente?

ESTRAGON: Basta con unas perras.

VLADIMIR: ¡Cállate!

ESTRAGON: Me voy.

POZZO: ¿Es suficiente? Desde luego. Pero soy desprendido. Es mi modo de ser. Hoy. Peor para mí. *(Tira de la cuerda. Lucky le mira.)* Porque sufriré, no hay duda. *(Sin levantarse, se inclina y recoge el látigo.)* ¿Qué prefieren ustedes? ¿Que baile, que cante, que recite, que piense, que...?

ESTRAGON: ¿Quién?

POZZO: ¡Quién! ¿Saben ustedes pensar?

VLADIMIR: ¿El piensa?

POZZO: Perfectamente. En voz alta. En otros tiempos, incluso pensaba maravillosamente y yo podía escucharle durante horas. Ahora... *(Se estremece.)* Bueno, mala suerte. Entonces, ¿quieren que piense algo para nosotros?

ESTRAGON: Preferiría que bailase, sería más entretenido.

POZZO: No necesariamente.

ESTRAGON: ¿Verdad, Didi, que sería más divertido?

VLADIMIR: A mí me gustaría oírle pensar.

ESTRAGON: ¿Podría primero bailar y después pensar? Si no es pedirle demasiado.

VLADIMIR *(a Pozzo)*: ¿Puede ser?

POZZO: Desde luego, nada más fácil. Además, ése es el orden. *(Risa breve.)*

VLADIMIR: Pues que baile.

Silencio.

POZZO *(a Lucky)*: ¿Has oído?

ESTRAGON: ¿Nunca se niega?

POZZO: Enseguida les explicaré. *(A Lucky.)* ¡Baila, asqueroso!

(Lucky deja la maleta y el cesto en el suelo, avanza un poco hacia la rampa y se vuelve hacia Pozzo. Estragon se levanta para verle mejor. Lucky baila. Se detiene.)

ESTRAGON: ¿Eso es todo?
POZZO: ¡Sigue!

(Lucky repite los mismos movimientos. Se detiene.)

ESTRAGON: ¡Vamos, cerdo mío! *(Imita los movimientos de Lucky.)* Podría hacerlo yo. *(Lo imita, casi cae.)* Con un poco de entrenamiento.
VLADIMIR: Está cansado.
POZZO: En otro tiempo bailaba la farándola, la almea, el bamboleo, la giga, el fandango e incluso el *hornpipe*. Saltaba. Ahora ya sólo hace eso. ¿Saben cuál es su nombre?
ESTRAGON: La muerte del lampista.
VLADIMIR: El cáncer de los ancianos.
POZZO: La danza de la red. Se cree apresado en una red.
VLADIMIR *(Se retuerce como un esteta.)*: Tiene algo de...

(Lucky se dispone a volver a su equipaje.)

Pozzo *(como a un caballo)*: ¡Sooo!

(Lucky se queda quieto.)

ESTRAGON: ¿Nunca se revela?

POZZO: Les explicaré. *(Hurga en sus bolsillos.)* Esperen. *(Hurga.)* ¿Dónde he metido mi pera? *(Hurga.)* ¡Vaya! *(Levanta la cabeza estupefacto. Con voz agonizante.)* ¡He perdido mi pulverizador!

ESTRAGON *(Voz agonizante.)*: Mi pulmón izquierdo está enfermo. *(Tose débilmente. Con voz estertórea.)* ¡Pero mi pulmón derecho está en perfecto estado!

POZZO *(Voz normal.)*: Tanto peor, prescindiré de él. ¿Qué estaba diciendo? *(Reflexiona.)* ¡Esperen! *(Reflexiona.)* ¡Caramba! *(Levanta la cabeza.)* ¡Ayúdenme!

ESTRAGON: Estoy buscando.

VLADIMIR: Yo también.

POZZO: ¡Esperen!

(Los tres se descubren a la vez, se llevan la mano a la frente, se concentran, crispados. Largo silencio.)

ESTRAGON *(triunfante)*: ¡Ah!

VLADIMIR: Lo ha encontrado.

POZZO *(impaciente)*: ¿Y pues?

ESTRAGON: ¿Por qué no deja el equipaje en el suelo?

VLADIMIR: ¡No, no!

POZZO: ¿Está usted seguro?

VLADIMIR: Pero vamos, si ya nos lo ha dicho usted.

POZZO: ¿Ya lo he dicho?

ESTRAGON: ¿Ya lo ha dicho?

VLADIMIR: Además, lo ha dejado.

ESTRAGON *(Mira a Lucky de refilón.)*: Es cierto. ¿Y?

VLADIMIR: Puesto que ha dejado el equipaje en el suelo, es imposible que hayamos preguntado por qué no lo deja.

POZZO: ¡Buen razonamiento!

ESTRAGON: ¿Por qué lo ha dejado en el suelo?

POZZO: Eso.

VLADIMIR: Para bailar.

ESTRAGON: Es cierto.

POZZO *(Levanta la mano.)*: ¡Un momento! *(Pausa.)* ¡No digan nada! *(Pausa.)* Ya está. *(Se cala el sombrero.)* Estoy listo.

(Estragon y Vladimir se calan sus sombreros.)

VLADIMIR: Lo ha encontrado.

POZZO: Así suele suceder.

ESTRAGON: ¿De qué se trata?

POZZO: Ahora verán. Es difícil de explicar.

VLADIMIR: No lo diga.

POZZO: ¡Oh! No teman, llegaré. Pero seré breve porque se está haciendo tarde. Díganme el medio de ser breve y claro al mismo tiempo. Déjenme reflexionar.

ESTRAGON: Sea locuaz, así acabará antes.

POZZO *(tras reflexionar)*: Así será. Una de dos.

ESTRAGON: Es la locura.

POZZO: O le pido cualquier cosa, bailar, cantar, pensar...

VLADIMIR: Bien, bien, ya lo entendemos.

POZZO: O no le pido nada. Bien. No me interrumpan. Supongamos que le pido que... baile, por ejemplo. ¿Qué ocurre entonces?

ESTRAGON: Se pone a silbar.

POZZO *(enfadado)*: No diré nada más.

VLADIMIR: Por favor, continúe.

POZZO: Me interrumpen constantemente.

VLADIMIR: Continúe, continúe, es apasionante.

POZZO: Insistan un poco.

ESTRAGON *(juntando las manos)*: Se lo suplico, señor, continúe su relato.

POZZO: ¿Por dónde iba?

VLADIMIR: Usted le pedía que bailara.

ESTRAGON: Que cantara.

POZZO: Eso es, yo le pedía que cantara. ¿Qué sucede? O bien canta como le pedí, o bien, en vez de cantar como yo le pedí, se pone a bailar, por ejemplo, o a pensar, o a...

VLADIMIR: Claro, claro, organícelo.

ESTRAGON: ¡Basta!

VLADIMIR: Sin embargo, esta noche, hace todo cuanto le pide.

POZZO: Es para enternecerme, para que no lo abandone.

ESTRAGON: Todo eso son historias.

VLADIMIR: No es seguro.

ESTRAGON: Ahora mismo nos dirá que no ha dicho una palabra cierta.

VLADIMIR *(a Pozzo)*: ¿No protesta?

POZZO: Estoy cansado.

(Silencio.)

ESTRAGON: No ocurre nada, nadie viene, nadie se va. Es terrible.

VLADIMIR *(a Pozzo)*: Dígale que piense.

POZZO: Déle su sombrero.

VLADIMIR: ¿Su sombrero?

POZZO: No puede pensar sin sombrero.

VLADIMIR *(a Estragon)*: Dale su sombrero.

ESTRAGON: ¿Yo? ¿Despúes de la patada que me ha arreado? ¡Jamás!

VLADIMIR: Se lo daré yo. *(No se mueve.)*

ESTRAGON: Que lo haga él mismo.

POZZO: Es mejor dárselo.

VLADIMIR: Se lo voy a dar.

(Recoge el sombrero y se lo tiende a Lucky con el brazo extendido. Lucky no se mueve.)

POZZO: Hay que ponérselo.

ESTRAGON *(a Pozzo)*: Dígale que lo coja.

POZZO: Es mejor ponérselo.

VLADIMIR: Voy a ponérselo.

(Gira con precaución alrededor de Lucky, se acerca sigilosamente por detrás, le pone el sombrero y retrocede con rapidez. Lucky no se mueve. Silencio.)

ESTRAGON: ¿A qué espera?

POZZO: ¡Aléjense! *(Estragon y Vladimir se alejan de Lucky. Pozzo tira de la cuerda. Lucky le mira.)* ¡Piensa, cerdo! *(Pausa. Lucky empieza a bailar.)* ¡Para! *(Lucky se detiene.)* ¡Acércate! *(Lucky se dirige a Pozzo.)* ¡Ahí! *(Lucky se detiene.)* ¡Piensa! *(Pausa.)*

LUCKY: Además, respecto a...

POZZO: ¡Calla! *(Lucky se calla.)* ¡Atrás! *(Lucky retrocede.)* ¡Ahí! *(Lucky se detiene.)* ¡Pssset! *(Lucky se vuelve hacia el público.)* ¡Piensa!

LUCKY *(declama con monotonía)*: Dada la existencia tal como demuestran los recientes trabajos públicos de Poinçon y Wattmann de un Dios personal cuacuacuacuacuacua de barba blanca cuacua fuera del tiempo del espacio que desde lo alto de su divina apatía su divina atambía su divina afasía nos ama mucho con algunas ex-

(Intensa atención de Estragon y Vladimir. Abatimiento y asco de Pozzo.)

cepciones no se sabe por qué pero eso llegará y sufre tanto como la divina Miranda con aquellos que son no se sabe por qué pero se tiene tiempo en el tormento en los fuegos cuyos fuegos las llamas a poco que duren todavía un poco y quien puede dudar incendiarán al fin las vigas a saber llevarán el infierno a las nubes tan azules por momentos aún hoy y tranquilas tan tranquilas con una tranquilidad que no por ser intermitente es menos bienvenida pero no anticipemos y considerando por otra parte que como consecuencia de las investigaciones inacabadas no anticipemos las búsquedas inacabadas pero sin embargo coronadas por la Acacacacademia de Antropopopopometría de Berna en Bresse de Testu y Conard se ha establecido sin otra posibilidad de error que la referente a los cálculos humanos que como consecuencia de las investigaciones inacabadas inacabadas de Testu y Conard ha quedado establecido tablecido tablecido lo que

(Primeros murmullos de Estragon y Vladimir. Aumentan los sufrimientos de Pozzo.)

sigue que sigue que sigue a saber pero no anticipemos no se sabe por qué como consecuencia de los trabajos de Poinçon y Wattmann resulta tan claro tan claro que en vista de los trabajos de Fartov y Belcher inacabados inacabados no se sabe por qué de Testu y de Conard inacabados inacabados resulta que el hombre contrariamente a la opinión contraria que el hombre en Bresse de Tus y Conard que el hombre en fin en una palabra que el hombre en una palabra en fin a pesar de los progresos de la alimentación y de eliminación de los residuos está a punto de adelgazar y al mismo tiempo paralelamente no se sabe por qué a pesar del impulso de la cultura física de

la práctica de los deportes tales tales tales
como el tenis el fútbol las carreras y a pie y en
bicicleta la natación la equitación la aviación la
conación el tenis el remo el patinaje y sobre

(Estragon y Vladimir se calman y vuelven a escuchar.
Pozzo se agita cada vez mas y deja escapar algunos
gemidos.)

hielo y sobre asfalto el tenis la aviación los deportes los deportes de invierno de verano de
otoño de otoño el tenis sobre hierba sobre
mesa y sobre cemento la aviación el tenis el
hockey sobre tierra sobre mar y en los aires la
penicilina y sucedáneos en una palabra vuelvo
al mismo tiempo paralelamente a reducir no se
sabe por qué a pesar el tenis vuelvo la aviación
el golf tanto a nueve como a dieciocho hoyos
el tenis sobre hielo en una palabra no se sabe
por qué en Seine-Seine-e-Oise-Seine-et-Marne-
Marne-et-Oise a saber al mismo tiempo paralelamente no se sabe por qué de adelgazar en-
coger vuelvo Oise Marne en resumen la pér-
dida seca por cabeza desde la muerte de
Voltaire siendo del orden de dos dedos cien
gramos por cabeza aproximadamente por tér-
mino medio poco más o menos cifras redon-

das buen peso desvestido en Normandía no se sabe por qué en una palabra en fin poco importan los hechos ahí están y considerando por otra parte lo que todavía es más grave que que surge lo que todavía es más grave a la luz la luz de las experiencias en curso de Steinweg y

(Exclamaciones de Vladimir y Estragon. Pozzo se levanta de un salto, tira de la cuerda. Todos gritan. Lucky tira de la cuerda, tropieza, aúlla. Todos se lanzan sobre Lucky que se debate y vocifera su texto.)

Petermann surge lo que todavía es más grave que surge lo que todavía es más grave a la luz la luz de las experiencias abandonadas de Steinweg y Petermann que en el campo en la montaña y a orillas del mar y de corrientes y de agua y de fuego el aire es el mismo y la tierra a saber el aire y la tierra por los grandes fríos el aire y la tierra hechos para las piedras por los grandes fríos ay en la séptima de su era el éter la tierra el mar para las piedras por los grandes fondos los grandes fríos sobre mar sobre tierra y en los aires poco queridos vuelvo no se sabe por qué a pesar del tenis los hechos están ahí no se sabe por qué vuelvo a lo siguiente resumiendo en fin ay a lo siguiente para las piedras quien puede dudarlo vuelvo pero no anticipemos vuelvo la cabeza al mismo tiempo paralelamente no se sabe por qué a pesar del tenis a lo siguiente la barba las llamas los llantos las piedras tan azules tan tranquilas ay la cabeza la cabeza la cabeza en Normandía a pesar del tenis los trabajos abandonados inacabados más graves las piedras resumiendo vuelvo ay ay abandonados inacabados la cabeza la cabeza en Normandía a pesar del tenis la cabeza ay las piedras Conard Conard... *(Embrollado. Lucky profiere todavía algunas exclamaciones.)* ¡Tenis!... ¡Las piedras!... ¡Tan tranquilas!... ¡Conard!... ¡Inacabados!...

POZZO: ¡Su sombrero!

(Vladimir se apodera del sombrero de Lucky, quien calla y cae. Gran silencio. Jadeo de los vencedores.)

ESTRAGON: Estoy vengado.

(Vladimir contempla el sombrero de Lucky y mira el interior.)

POZZO: ¡Démelo! *(Arranca el sombrero de manos de Vladimir, lo tira al suelo y lo pisotea.)* ¡Así ya no pensará!

72

VLADIMIR: Pero, ¿podrá orientarse?

POZZO: Yo le orientaré. *(Le arrea unos cuantos puntapiés a Lucky.)* ¡En pie! ¡Cerdo!

ESTRAGON: Tal vez esté muerto.

VLADIMIR: Lo va usted a matar.

POZZO: ¡En pie! ¡Carroña! *(Tira de la cuerda, Lucky resbala un poco. A Estragon y Vladimir.)* Ayúdenme.

VLADIMIR: ¿Cómo hacerlo?

POZZO: ¡Levántenlo!

(Estragon y Vladimir ponen en pie a Lucky, lo sostienen un momento, luego lo dejan. Cae de nuevo.)

ESTRAGON: Lo hace a propósito.

POZZO: Hay que sostenerle. *(Pausa.)* ¡Vamos, vamos, levántenlo!

ESTRAGON: Ya estoy harto.

VLADIMIR: ¡Venga, intentémoslo de nuevo!

ESTRAGON: ¿Por quién nos toma?

VLADIMIR: Venga.

(Ponen en pie a Lucky, lo sostienen.)

POZZO: ¡No lo suelten! *(Estragon y Vladimir se tambalean.)* ¡No se muevan! *(Pozzo coge la maleta y el cesto y se los lleva a Lucky.)* ¡Sosténganlo

bien! *(Pone la maleta en la mano de Lucky,
quien la suelta en el acto.)* ¡No lo suelten!
*(Vuelve a empezar. Poco a poco, al contacto de
la maleta, Lucky recobra el sentido y sus dedos
terminan por cerrarse en torno al asa.)* ¡Sigan
sosteniéndole! *(Hace la misma operación con el
cesto.)* Ya está, ya pueden soltarlo. *(Estragon y
Vladimir se separan de Lucky, quien vacila, se
tambalea y se dobla, pero permanece en pie, con
maleta y cesto en mano. Pozzo retrocede, hace
chasquear el látigo.)* ¡Adelante! *(Lucky avanza.)*
¡Atrás! *(Lucky retrocede.)* ¡Dale la vuelta!
(Lucky se vuelve.) Ya está, puede andar. *(Se
vuelve hacia Estragon y Vladimir.)* Gracias, señores, y permítanme —*(Hurga en sus bolsillos.)*— que les desee —*(Hurga.)* que les desee
—*(Hurga.)*— pero, ¿dónde he metido mi reloj?
(Hurga.) ¡Qué pesadez! *(Levanta la cabeza, desencajado.)* Un verdadero canalla. Señores, con
segundero. Me lo dio mi compadre. *(Hurga.)*
Se me habrá caído. *(Busca por el suelo, igual
que Vladimir y Estragon. Pozzo con el pie da la
vuelta a lo que queda del sombrero de Lucky.)*

VLADIMIR: ¿Quizá lo haya guardado en el bolsillo
del chaleco?

POZZO: Un momento. *(Se dobla en dos, acerca la
cabeza al vientre, escucha.)* ¡No oigo nada! *(Les*

indica que se acerquen.) Vengan a ver. *(Estragon y Vladimir van hacia él, se inclinan sobre su vientre. Silencio.)* Creo que se debería oír el tic tac.

VLADIMIR: ¡Silencio!

(Todos escuchan, inclinados.)

ESTRAGON: Oigo algo.
POZZO: ¿Dónde?
VLADIMIR: Es el corazón.
POZZO *(decepcionado)*: ¡Mierda!
VLADIMIR: ¡Silencio!

(Escuchan.)

ESTRAGON: Tal vez se haya parado.

(Se incorporan.)

POZZO: ¿Quién de los dos huele tan mal?
ESTRAGON: A él le huele el aliento, a mí, los pies.
POZZO: Voy a dejarles.
ESTRAGON: ¿Y su callana?
POZZO: La habré dejado en el castillo.
ESTRAGON: Entonces, adiós.
POZZO: Adiós.

VLADIMIR: Adiós.
ESTRAGON: Adiós.

(Silencio. Nadie se mueve.)

VLADIMIR: Adiós.
POZZO: Adiós.
ESTRAGON: Adiós.

(Silencio.)

POZZO: Y gracias.
VLADIMIR: Gracias a usted.
POZZO: No hay de qué.
ESTRAGON: Claro que sí.
POZZO: Claro que no.
VLADIMIR: Claro que sí.
ESTRAGON: Claro que no.

(Silencio.)

POZZO: No consigo... *(Duda.)*... marcharme.
ESTRAGON: Así es la vida.

(Pozzo se vuelve, se distancia de Lucky, dirigiéndose hacia bastidores, soltando cuerda a medida que se aleja.)

VLADIMIR: Va en dirección contraria.

POZZO: Tomo impulso. *(Al llegar al extremo de la cuerda, es decir, a bastidores, se detiene, se vuelve, grita.)* ¡Apártense! *(Estragon y Vladimir se sitúan al fondo, miran hacia Pozzo. Chasquido de látigo.)* ¡Adelante! *(Lucky permanece inmóvil.)*

ESTRAGON: ¡Adelante!

VLADIMIR: ¡Adelante!

(Chasquido de látigo. Lucky se pone en movimiento.)

POZZO: ¡Más rápido! *(Sale de bastidores, atraviesa el escenario en pos de Lucky. Estragon y Vladimir se descubren y agitan la mano. Lucky sale. Pozzo hace chasquear cuerda y látigo al mismo tiempo.)* ¡Más rápido, más rápido! *(En el momento en que va a desaparecer, Pozzo se detiene, se vuelve. La cuerda se tensa. Ruido de Lucky que cae.)* ¡Mi silla! *(Vladimir va a por la silla y se la da a Pozzo, quien la arroja hacia Lucky.)* ¡Adiós!

ESTRAGON y VLADIMIR *(Agitan la mano.)*: ¡Adiós! ¡Adiós!

POZZO: ¡En pie! ¡Cerdo! *(Ruido de Lucky levantándose.)* ¡Adelante! *(Pozzo sale. Chasquido de lá-*

tigo.) ¡Adelante! ¡Adiós! ¡Más rápido! ¡Puerco! ¡Arre! ¡Adiós!

(Silencio.)

VLADIMIR: Con esto hemos pasado el rato.
ESTRAGON: Hubiera pasado igual de todos modos.
VLADIMIR: Sí, pero menos rápido.

(Pausa.)

ESTRAGON: ¿Y qué hacemos ahora?
VLADIMIR: No sé.
ESTRAGON: Vayámonos.
VLADIMIR: No podemos.
ESTRAGON: ¿Por qué?
VLADIMIR: Esperamos a Godot.
ESTRAGON: Es cierto.

(Pausa.)

VLADIMIR: Han cambiado mucho.
ESTRAGON: ¿Quiénes?
VLADIMIR: Esos dos.
ESTRAGON: Eso es. Conversemos un rato.
VLADIMIR: ¿Verdad que han cambiado mucho?
ESTRAGON: Quizá sí. Nosotros, en cambio, no.

78

VLADIMIR: ¿Quizá? Seguro. ¿Los has visto bien?

ESTRAGON: Si tú lo dices. Pero no los conozco.

VLADIMIR: Claro que sí los conoces.

ESTRAGON: Que no.

VLADIMIR: Te digo que los conocemos. Todo lo olvidas. *(Pausa.)* A no ser que no sean los mismos.

ESTRAGON: La prueba es que no nos han reconocido.

VLADIMIR: Eso no quiere decir nada. Yo también he fingido no reconocerlos. Además, a nosotros jamás nos reconoce alguien.

ESTRAGON: ¡Basta! Lo que hace falta... ¡Ay! *(Vladimir no se mueve.)* ¡Ay!

VLADIMIR: A no ser que no sean los mismos.

ESTRAGON: ¡Didi! ¡El otro pie! *(Se dirige, cojeando, hacia el lugar donde se hallaba sentado al levantarse el telón.)*

VOZ ENTRE BASTIDORES: ¡Señor!

(Estragon se detiene. Ambos miran hacia el lugar de donde ha surgido la voz.)

ESTRAGON: Vuelta a empezar.

VLADIMIR: Acércate, hijo.

(Entra un muchacho, temerosamente. Se detiene.)

MUCHACHO: ¿El señor Alberto?

VLADIMIR: Soy yo.

ESTRAGON: ¿Qué quieres?

VLADIMIR: Acércate.

(El muchacho no se mueve.)

ESTRAGON *(con énfasis)*: Te han dicho que te acerques.

(El muchacho avanza temerosamente, se detiene.)

VLADIMIR: ¿Qué hay?

MUCHACHO: El señor Godot... *(Se calla.)*

VLADIMIR: Evidentemente. *(Pausa.)* Acércate.

(El muchacho no se mueve.)

ESTRAGON *(con énfasis)*: ¡Te han dicho que te acerques! *(El muchacho avanza temerosamente, se detiene.)* ¿Por qué llegas tan tarde?

VLADIMIR: ¿Traes un mensaje del señor Godot?

MUCHACHO: Sí, señor.

VLADIMIR: Dilo, pues.

ESTRAGON: ¿Por qué llegas tan tarde?

(El muchacho mira a uno y a otro, sin saber a quién responder.)

VLADIMIR *(a Estragon)*: Déjale en paz.

ESTRAGON *(a Vladimir)*: Déjame tranquilo. *(Avanza, al muchacho.)* ¿Sabes qué hora es?

MUCHACHO *(Retrocede.)*: ¡No es culpa mía, señor!

ESTRAGON: Quizá sea mía.

MUCHACHO: Tenía miedo, señor.

ESTRAGON: ¿Miedo, de qué? ¿De nosotros? *(Pausa.)* ¡Responde!

VLADIMIR: Ya sé qué sucede, le asustaban los otros.

ESTRAGON: ¿Cuánto tiempo llevas aquí?

MUCHACHO: Hace un momento, señor.

VLADIMIR: ¿Te asustó el látigo?

MUCHACHO: Sí, señor.

VLADIMIR: ¿Y los gritos?

MUCHACHO: Sí, señor.

VLADIMIR: ¿Y los dos señores?

MUCHACHO: Sí, señor.

VLADIMIR: Los conoces.

MUCHACHO: No, señor.

VLADIMIR: ¿Eres del lugar?

MUCHACHO: Sí, señor.

ESTRAGON: ¡Todo esto son mentiras! *(Coge al muchacho por el brazo y lo zarandea.)* ¡Dinos la verdad!

MUCHACHO *(temblando)*: ¡Pero si es la verdad, señor!

VLADIMIR: ¡Déjale tranquilo! ¿Qué te sucede? ¿Qué te ocurre? *(Estragon suelta al muchacho, retrocede y se lleva las manos a la cara. Vladimir y el muchacho lo miran. Estragon se descubre el rostro, desencajado.)* ¿Qué te ocurre?

ESTRAGON: Soy desgraciado.

VLADIMIR: ¡No bromees! ¿Desde cuándo?

ESTRAGON: Lo había olvidado.

VLADIMIR: La memoria nos juega esas malas pasadas. *(Estragon quiere hablar, y renuncia, cojeando va a sentarse y empieza a descalzarse. Al muchacho.)* ¿Y qué?

MUCHACHO: El señor Godot...

VLADIMIR *(le interrumpe)*: Te he visto antes, ¿no?

MUCHACHO: No sé, señor.

VLADIMIR: ¿No me conoces?

MUCHACHO: No, señor.

VLADIMIR: ¿No viniste ayer?

MUCHACHO: No, señor.

VLADIMIR: ¿Es la primera vez que vienes?

MUCHACHO: Sí, señor.

(Silencio.)

VLADIMIR: Es lo que suele decirse. *(Pausa.)* Bueno, continúa.

MUCHACHO *(de un tirón)*: El señor Godot me manda deciros que no vendrá esta noche, pero que mañana seguramente lo hará.

VLADIMIR: ¿Eso es todo?

MUCHACHO: Sí, señor.

VLADIMIR: ¿Trabajas para el señor Godot?

MUCHACHO: Sí, señor.

VLADIMIR: ¿Qué haces?

MUCHACHO: Apaciento las cabras, señor.

VLADIMIR: ¿Es bueno contigo?

MUCHACHO: Sí, señor.

VLADIMIR: ¿No te pega?

MUCHACHO: No, señor, a mí no.

VLADIMIR: ¿A quién pega?

MUCHACHO: Pega a mi hermano, señor.

VLADIMIR: ¡Ah! ¿Tienes un hermano?

MUCHACHO: Sí, señor.

VLADIMIR: ¿Qué hace?

MUCHACHO: Guarda las ovejas, señor.

VLADIMIR: Y a ti, ¿por qué no te pega?

MUCHACHO: No sé, señor.

VLADIMIR: Debe quererte.

MUCHACHO: No sé, señor.

VLADIMIR: ¿Te da bien de comer? *(El muchacho duda.)* ¿Te da bien de comer?

MUCHACHO: Bastante bien, señor.

VLADIMIR: ¿Eres desgraciado? *(El muchacho duda.)* ¿Me oyes?

MUCHACHO: Sí, señor.

VLADIMIR: ¿Y?

MUCHACHO: No sé, señor.

VLADIMIR: ¿No sabes si eres o no desgraciado?

MUCHACHO: No, señor.

VLADIMIR: Igual que yo. *(Pausa.)* ¿Dónde duermes?

MUCHACHO: En el granero, señor.

VLADIMIR: ¿Con tu hermano?

MUCHACHO: Sí, señor.

VLADIMIR: ¿En el heno?

MUCHACHO: Sí, señor.

(Pausa.)

VLADIMIR: Bueno, vete.

MUCHACHO: ¿Qué debo decirle al señor Godot, señor?

VLADIMIR: Dile... *(Duda.)* Dile que nos has visto. *(Pausa.)* Nos has visto bien, ¿verdad?

MUCHACHO: Sí, señor. *(Retrocede, vacila, se vuelve y sale corriendo.)*

(La luz se extingue bruscamente. La noche cae de pronto. Sale la luna, al fondo, aparece en el cielo, se inmoviliza, baña el escenario con luz plateada.)

VLADIMIR: ¡Por fin! *(Estragon se levanta y se dirige hacia Vladimir, con los zapatos en la mano. Los deja cerca de la rampa, se yergue y mira la luna.)* ¿Qué haces?

ESTRAGON: Contemplo la luna, como tú.

VLADIMIR: Me refiero a tus zapatos.

ESTRAGON: Los he dejado allí. *(Pausa.)* Otro vendrá, tal... tal... como yo, pero calzará un número menor, y harán su felicidad.

VLADIMIR: Pero no puedes ir descalzo.

ESTRAGON: Jesús lo hizo.

VLADIMIR: ¡Jesús! ¿A qué viene esto? No pretenderás compararte con El.

ESTRAGON: Lo he hecho durante toda mi vida.

VLADIMIR: ¡Pero si allí hacía calor! ¡Hacía buen tiempo!

ESTRAGON: Sí. Pero te crucificaban enseguida.

(Silencio.)

VLADIMIR: Aquí ya no tenemos nada que hacer.

ESTRAGON: Ni en ningún sitio.

VLADIMIR: Vamos, Gogo, no seas así. Mañana todo irá mejor.

ESTRAGON: ¿Por qué?

VLADIMIR: ¿No oíste lo que dijo el chaval?

ESTRAGON: No.

VLADIMIR: Dijo que seguramente Godot vendrá mañana. *(Pausa.)* ¿No te dice nada eso?

ESTRAGON: Entonces, no hay más remedio que esperar aquí.

VLADIMIR: ¡Estás loco! ¡Hay que cobijarse! *(Coge a Estragon por el brazo.)* Ven. *(Tira de él. Estragon primero cede, luego se resiste. Se detienen.)*

ESTRAGON *(Mira al árbol.)*: Qué pena no tener un trozo de cuerda.

VLADIMIR: Ven. Empieza a hacer frío. *(Tira de él. Repiten los mismos movimientos.)*

ESTRAGON: Recuerda que mañana traiga una cuerda.

VLADIMIR: Sí. Ven. *(Tira de él. Repiten los mismos movimientos.)*

ESTRAGON: ¿Cuánto tiempo llevamos juntos?

VLADIMIR: No sé. Quizá cincuenta años.

ESTRAGON: ¿Recuerdas el día en que me arrojé al río Durance?

VLADIMIR: Trabajábamos en la vendimia.

ESTRAGON: Me rescataste.

VLADIMIR: Todo está muerto y enterrado.

ESTRAGON: Mis ropas se secaron al sol.

VLADIMIR: No pienses más, venga, vamos. *(Repiten los mismos movimientos.)*

ESTRAGON: Espera.

VLADIMIR: Tengo frío.

ESTRAGON: Me pregunto si no hubiese sido mejor que cada cual hubiera emprendido, solo, su camino. *(Pausa.)* No estábamos hechos para vivir juntos.

VLADIMIR *(sin enfadarse)*: Vete a saber.

ESTRAGON: Nunca se sabe.

VLADIMIR: Todavía podemos separarnos, si crees que es lo mejor.

ESTRAGON: Ahora ya no vale la pena.

(Silencio.)

VLADIMIR: Es cierto, ahora ya no vale la pena.

(Silencio.)

ESTRAGON: ¿Vamos, pues?

VLADIMIR: Vayamos.

(No se mueven.)

TELON

Acto segundo

(Al día siguiente. Misma hora. Mismo lugar.
Los zapatos de Estragon muy cerca de la rampa, los
tacones juntos, las puntas separadas. El sombrero de
Lucky en el mismo sitio.
El árbol está cubierto de hojas.
Entra Vladimir, con prisas. Se detiene y observa el ár-
bol durante breves instantes. Luego bruscamente re-
corre la escena en todas direcciones. Vuelve a dete-
nerse ante los zapatos, se agacha, recoge uno, lo
examina, lo olfatea y vuelve a dejarlo cuidadosa-
mente en su sitio. Reanuda su ir y venir. Se detiene
junto al lateral derecho, mira hacia lo lejos duran-
te unos momentos, con la mano en pantalla delante
de los ojos. Va de un lado para otro. Se detiene brus-
camente, junta las manos sobre el pecho, echa la ca-
beza hacia atrás y empieza a cantar a voz en grito):

VLADIMIR: Un perro fue a la...

(Ha empezado demasiado bajo, calla, tose y empieza
de nuevo a cantar, ahora más alto):

91

Un perro fue a la despensa
y cogió una salchicha
pero a golpes de cucharón
el cocinero lo hizo trizas.
Al verlo los demás perros
pronto pronto lo enterraron...

(Calla, se encoge, luego continúa):

Al verlo los demás perros
pronto pronto lo enterraron
al pie de una cruz de madera
donde el caminante podía leer:
Un perro fue a la despensa
y cogió una salchicha
pero a golpes de cucharón
el cocinero lo hizo trizas.
Al verlo los demás perros
pronto pronto lo enterraron...

(Calla. Lo mismo.)

Al verlo los demás perros
pronto pronto lo enterraron...

(Calla. Lo mismo. Más bajo.)

Pronto pronto lo enterraron...

(Calla, permanece inmóvil un momento, luego recorre de nuevo el escenario, febrilmente, en todas direcciones. Vuelve a detenerse delante del árbol, va y viene, se detiene ante los zapatos. Va y viene, corre al lateral izquierdo, mira a lo lejos, después corre hacia el derecho. Mira a lo lejos. En ese momento, entra Estragon por el lateral izquierdo, descalzo, cabizbajo, cruza lentamente el escenario. Vladimir se vuelve y le ve.)

VLADIMIR: ¡Tú, otra vez! *(Estragon se detiene, pero no levanta la cabeza. Vladimir va hacia él.)* ¡Ven, deja que te abrace!
ESTRAGON: ¡No me toques!

(Vladimir retiene su impulso, apenado. Silencio.)

VLADIMIR: ¿Quieres que me marche? *(Pausa.)* ¡Gogo! *(Pausa. Vladimir le observa con atención.)* ¿Te han pegado? *(Pausa.)* ¡Gogo! *(Estragon continúa callado, cabizbajo.)* ¿Dónde has pasado la noche? *(Silencio. Vladimir avanza.)*
ESTRAGON: ¡No me toques! ¡No me preguntes nada! ¡No me digas nada! ¡Quédate conmigo!

93

VLADIMIR: ¿Te he dejado alguna vez?

ESTRAGON: Me has dejado marchar.

VLADIMIR: ¡Mírame! *(Estragon no se mueve. Con voz estertórea.)* ¡Te digo que me mires!

(Estragon levanta la cabeza. Se miran un buen rato retrocediendo, avanzando e inclinando la cabeza como ante un objeto artístico, van el uno hacia el otro, temblando cada vez más; después, de pronto, se abrazan y se dan palmadas en la espalda. Termina el abrazo. Estragon, falto de sostén, está a punto de caer.)

ESTRAGON: ¡Qué día!

VLADIMIR: ¿Quién te ha sacudido? ¡Cuéntame!

ESTRAGON: ¡Vaya! Un día menos.

VLADIMIR: Aún no.

ESTRAGON: Para mí ha terminado, pase lo que pase. *(Silencio.)* Hace un momento te oí cantar.

VLADIMIR: Es cierto, lo recuerdo.

ESTRAGON: Me ha apenado. Me decía, está solo, cree que me he ido para siempre y canta.

VLADIMIR: No podemos controlar nuestro estado de ánimo. Durante todo el día me he sentido extraordinariamente bien. *(Pausa.)* No me he levantado ni una sola vez en toda la noche.

ESTRAGON *(con tristeza)*: ¿Lo ves? Orinas mejor cuando yo no estoy.

VLADIMIR: Te echaba de menos, y al mismo tiempo estaba contento. Es curioso, ¿no?

ESTRAGON *(molesto)*: ¿Contento?

VLADIMIR *(tras reflexionar)*: Quizá no sea la palabra exacta.

ESTRAGON: ¿Y ahora?

VLADIMIR *(tras pensarlo)*: Ahora... *(dichoso)* aquí estás de nuevo... *(indiferente)*, aquí estamos de nuevo... *(triste)*, aquí estoy de nuevo.

ESTRAGON: Ya ves, cuando estoy aquí estás peor. Yo también me encuentro mejor cuando estoy solo.

VLADIMIR *(ofendido)*: ¿Por qué has regresado, entonces?

ESTRAGON: No sé.

VLADIMIR: Pero yo sí lo sé. Porque no sabes defenderte. Yo no hubiera permitido que te pegaran.

ESTRAGON: No hubieras podido impedirlo.

VLADIMIR: ¿Por qué?

ESTRAGON: Eran diez.

VLADIMIR: No, no. Quiero decir que hubiera impedido que te expusieras a que te pegaran.

ESTRAGON: Yo no hacía nada.

VLADIMIR: Entonces, ¿por qué te pegaron?

ESTRAGON: No sé.

VLADIMIR: No, Gogo, mira; hay cosas que a ti se te escapan y a mí no. Debes saberlo.

ESTRAGON: Te digo que no hacía nada.

VLADIMIR: Quizá no. Pero hay medios, hay medios, cuando uno quiere cuidar su pellejo. En fin, no hablemos más del asunto. Has regresado y estoy muy contento.

ESTRAGON: Eran diez.

VLADIMIR: Tú también debes estar contento en el fondo, confiésalo.

ESTRAGON: ¿Contento? ¿De qué?

VLADIMIR: De haberme encontrado de nuevo.

ESTRAGON: ¿Tú crees?

VLADIMIR: Dilo, aunque no sea cierto.

ESTRAGON: ¿Qué debo decir?

VLADIMIR: Di: estoy contento.

ESTRAGON: Estoy contento.

VLADIMIR: Yo también.

ESTRAGON: Yo también.

VLADIMIR: Estamos contentos.

ESTRAGON: Estamos contentos. *(Silencio.)* ¿Y qué hacemos ahora que estamos contentos?

VLADIMIR: Esperamos a Godot.

ESTRAGON: Es cierto.

(Silencio.)

VLADIMIR: Ha habido novedades desde ayer.

ESTRAGON: ¿Y si no viene?

VLADIMIR *(tras un momento de incomprensión)*: Ya pensaremos algo. Te digo que ha habido novedades desde ayer.

ESTRAGON: Todo rezuma.

VLADIMIR: Mira el árbol.

ESTRAGON: No se cae dos veces en el mismo error.

VLADIMIR: El árbol, te digo que mires el árbol.

(Estragon mira el árbol.)

ESTRAGON: ¿No estaba ayer?

VLADIMIR: Claro que sí. No lo recuerdas. Poco faltó para que nos ahorcáramos. *(Reflexiona.)* Sí, exacto *(separando las palabras)*, que-nos-ahorcáramos. Pero tú no quisiste. ¿Recuerdas?

ESTRAGON: Lo has soñado.

VLADIMIR: ¿Será posible que lo hayas olvidado?

ESTRAGON: Yo soy así. O me olvido en el acto o no me olvido nunca.

VLADIMIR: Y a Pozo y a Lucky, ¿también los has olvidado?

ESTRAGON: ¿Pozzo? ¿Lucky?

VLADIMIR: ¡Ha olvidado todo!

ESTRAGON: Recuerdo a un energúmeno que me arreó unos cuantos puntapiés. Y después hizo el idiota.

VLADIMIR: ¡Era Lucky!

ESTRAGON: Eso lo recuerdo. Pero, ¿cuándo sucedió?

VLADIMIR: Y a quien lo conducía, ¿lo recuerdas?

ESTRAGON: Me dio huesos.

VLADIMIR: ¡Era Pozzo!

ESTRAGON: ¿Y dices que todo eso sucedió ayer?

VLADIMIR: ¡Naturalmente! ¡Sí!

ESTRAGON: ¿Aquí?

VLADIMIR: ¡Seguro! ¿No reconoces el lugar?

ESTRAGON (*furioso, de pronto*): ¡Reconoces! ¿Qué hay que reconocer? ¡He arrastrado mi perra vida por el fango! ¡Y quieres que distinga sus matices! *(Mira a su alrededor.)* ¡Mira esta basura! ¡Nunca he salido de ella!

VLADIMIR: Calma, calma.

ESTRAGON: ¡Así que déjame en paz con tus paisajes! ¡Háblame del subsuelo!

VLADIMIR: De todos modos, ¡no irás a decirme que esto *(gesto)* se parece al Vaucluse! Hay una gran diferencia.

ESTRAGON: ¡El Vaucluse! ¿Quién habla del Vaucluse?

VLADIMIR: ¿Pero tú has estado en el Vaucluse?

ESTRAGON: ¡No, nunca estuve en el Vaucluse! ¡He pasado toda mi puta vida aquí, ya te lo he dicho! ¡Aquí! ¡En Mierdacluse!

VLADIMIR: Sin embargo, hemos estado juntos en el

Vaucluse, pondría la mano en el fuego. Hicimos la vendimia, sí señor, en casa de un tal Bonelly, en el Rosellón.

ESTRAGON *(más tranquilo)*: Tal vez. No puse atención.

VLADIMIR: ¡Pero allí todo es rojo!

ESTRAGON *(harto)*: ¡Te digo que no puse atención!

(Silencio. Vladimir suspira profundamente.)

VLADIMIR: Es difícil convivir contigo, Gogo.

ESTRAGON: Sería mejor que nos separáramos.

VLADIMIR: Siempre dices lo mismo. Y siempre vuelves.

(Silencio.)

ESTRAGON: Para que todo fuera bien habría que matarme, como al otro.

VLADIMIR: ¿Qué otro? *(Pausa.)* ¿Qué otro?

ESTRAGON: Como a billones de otros.

VLADIMIR *(sentencioso)*: Cada cual con su cruz. *(Suspira.)* Al principio pesa pero cuando llega el fin uno casi ni la nota.

ESTRAGON: Entretanto, intentemos hablar sin exaltarnos, ya que somos incapaces de callarnos.

VLADIMIR: Es cierto, somos incansables.

ESTRAGON: Es para no pensar.

VLADIMIR: Tenemos justificación.

ESTRAGON: Es para no escuchar.

VLADIMIR: Tenemos nuestras razones.

ESTRAGON: Todas las voces muertas.

VLADIMIR: Hacen un ruido de alas.

ESTRAGON: De hojas.

VLADIMIR: De arena.

ESTRAGON: De hojas.

(Silencio.)

VLADIMIR: Hablan por todas a la vez.

ESTRAGON: Cada cual para sí.

(Silencio.)

VLADIMIR: Más bien cuchichean.

ESTRAGON: Murmuran.

VLADIMIR: Susurran.

ESTRAGON: Murmuran.

(Silencio.)

VLADIMIR: ¿Qué dicen?

ESTRAGON: Hablan de su vida.

VLADIMIR: No les basta haber vivido.

ESTRAGON: Necesitan hablar de ella.

VLADIMIR: No les basta con estar muertas.

ESTRAGON: No es suficiente.

(Silencio.)

VLADIMIR: Producen un ruido como de plumas.

ESTRAGON: De hojas.

VLADIMIR: De cenizas.

ESTRAGON: De hojas.

(Largo silencio.)

VLADIMIR: ¡Di algo!

ESTRAGON: Estoy pensando.

(Largo silencio.)

VLADIMIR *(angustiado)*: ¡Di cualquier cosa!

ESTRAGON: ¿Qué hacemos ahora?

VLADIMIR: Esperamos a Godot.

ESTRAGON: Es cierto.

(Silencio.)

VLADIMIR: ¡Qué difícil!

ESTRAGON: ¿Y si cantaras?

VLADIMIR: No, no. *(Piensa.)* Lo único que podemos hacer es empezar de nuevo.

ESTRAGON: Lo cierto es que no me parece difícil.

VLADIMIR: Lo difícil es empezar.

ESTRAGON: Podemos empezar con cualquier cosa.

VLADIMIR: Sí, pero hay que decidirse.

ESTRAGON: Es cierto.

(Silencio.)

VLADIMIR: ¡Ayúdame!

ESTRAGON: Pienso.

(Silencio.)

VLADIMIR: Cuando uno piensa, oye.

ESTRAGON: Cierto.

VLADIMIR: Y eso impide reflexionar.

ESTRAGON: Claro.

VLADIMIR: Impide pensar.

ESTRAGON: De todos modos se piensa.

VLADIMIR: ¡Qué va!, resulta imposible.

ESTRAGON: Eso es, contradigámonos.

VLADIMIR: Imposible.

ESTRAGON: ¿Tú crees?

VLADIMIR: Ya no nos arriesgamos a pensar.

ESTRAGON: Entonces, ¿de qué nos lamentamos?

VLADIMIR: Lo peor no es pensar.

ESTRAGON: Claro que sí, seguro, pero algo es algo.

VLADIMIR: ¿Cómo algo es algo?

ESTRAGON: Eso, hagámonos preguntas.

VLADIMIR: ¿Qué quieres decir con algo es algo?

ESTRAGON: Que es algo, pero menos.

VLADIMIR: Evidentemente.

ESTRAGON: ¿Entonces? ¿Y si nos considerásemos felices?

VLADIMIR: Lo terrible es haber pensado.

ESTRAGON: Pero, ¿nos ha sucedido alguna vez?

VLADIMIR: ¿De dónde vienen esos cadáveres?

ESTRAGON: Esas osamentas.

VLADIMIR: Sí.

ESTRAGON: Evidentemente.

VLADIMIR: Debimos pensar un poco.

ESTRAGON: Justo al empezar.

VLADIMIR: Un osario, un osario.

ESTRAGON: Basta con no mirar.

VLADIMIR: Atrae la mirada.

ESTRAGON: Es cierto.

VLADIMIR: A pesar de que uno tenga.

ESTRAGON: ¿Cómo?

VLADIMIR: A pesar de que uno tenga.

ESTRAGON: Habría que volver de una vez a la naturaleza.

VLADIMIR: Lo hemos intentado.

ESTRAGON: Es cierto.

VLADIMIR: Oh, lo peor no es eso, desde luego.

ESTRAGON: Entonces, ¿qué es?

VLADIMIR: Haber pensado.

ESTRAGON: Evidentemente.

VLADIMIR: Pero hubiéramos podido abstenernos.

ESTRAGON: ¡Qué se le va a hacer!

VLADIMIR: Lo sé, lo sé.

(Silencio.)

ESTRAGON: No estaba tan mal para tomar impulso.

VLADIMIR: Sí, pero ahora habrá que encontrar otra cosa.

ESTRAGON: Veamos.

VLADIMIR: Veamos.

ESTRAGON: Veamos.

(Reflexionan.)

VLADIMIR: ¿Qué estaba diciendo? Podríamos partir de ahí.

ESTRAGON: ¿Cuándo?

VLADIMIR: Justo al empezar.

ESTRAGON: Al empezar, ¿qué?

VLADIMIR: Esta noche. Decía... decía...

ESTRAGON: Creo que me pides demasiado.

VLADIMIR: Espera... nos hemos abrazado... estábamos contentos... contentos... qué hacemos ahora que estamos contentos... esperamos... veamos... eso es... esperamos... ahora que estamos contentos... esperamos... veamos... ¡ah! ¡El árbol!

ESTRAGON: ¿El árbol?

VLADIMIR: ¿No lo recuerdas?

ESTRAGON: Estoy cansado.

VLADIMIR: Míralo.

(Estragon mira el árbol.)

ESTRAGON: No veo nada.

VLADIMIR: Ayer noche estaba negro y esquelético. Hoy está cubierto de hojas.

ESTRAGON: ¿De hojas?

VLADIMIR: ¡En una sola noche!

ESTRAGON: Debemos estar en primavera.

VLADIMIR: ¡Pero, en una sola noche!

ESTRAGON: Te digo que ayer noche no estuvimos aquí. Lo has soñado.

VLADIMIR: ¿Y dónde crees tú que estuvimos ayer noche?

ESTRAGON: No sé. En otra parte. En otro compartimento. El vacío no falta.

VLADIMIR *(seguro de sí)*: Bueno. Ayer noche no estuvimos aquí. En tal caso, ¿qué hicimos ayer noche?

ESTRAGON: ¿Que qué hicimos?

VLADIMIR: Intenta recordar.

ESTRAGON: Bueno... estaríamos charlando.

VLADIMIR *(reteniéndose)*: ¿De qué?

ESTRAGON: ¡Oh!... quizá sin ton ni son, de naderías. *(Seguro.)* Eso es, ya recuerdo, anoche estuvimos charlando sobre naderías. Hace medio siglo que hacemos lo mismo.

VLADIMIR: ¿No recuerdas ningún hecho, ninguna circunstancia?

ESTRAGON *(agotado)*: No me tortures, Didi.

VLADIMIR: ¿El sol? ¿La luna? ¿No te acuerdas?

ESTRAGON: Estarían allí, como siempre.

VLADIMIR: ¿No advertiste nada insólito?

ESTRAGON: ¡Ay!

VLADIMIR: ¿Y Pozzo? ¿Y Lucky?

ESTRAGON: ¿Pozzo?

VLADIMIR: Los huesos.

ESTRAGON: Parecían raspas.

VLADIMIR: Te los dio Pozzo.

ESTRAGON: No sé.

VLADIMIR: Y el puntapié.

ESTRAGON: ¿El puntapié? Es cierto, me pegaron puntapiés.

VLADIMIR: Lucky te los arreó.

ESTRAGON: ¿Todo eso sucedió ayer?

VLADIMIR: Enséñame tu pierna.

ESTRAGON: ¿Cuál?

VLADIMIR: Las dos. Súbete el pantalón. *(Estragon, apoyado en un pie, tiende la pierna hacia Vladimir, está a punto de caer. Vladimir le coge la pierna. Estragon se tambalea.)* Súbete el pantalón.

ESTRAGON *(Titubea.)*: No puedo.

(Vladimir sube el pantalón, mira la pierna y la suelta. Estragon está a punto de caer.)

VLADIMIR: La otra. *(Estragon le tiende la misma pierna.)* ¡La otra, he dicho! *(Lo mismo, con la otra pierna.)* Vaya, la herida está a punto de infectarse.

ESTRAGON: ¿Y qué?

VLADIMIR: ¿Dónde están tus zapatos?

ESTRAGON: Debí tirarlos.

VLADIMIR: ¿Cuándo?

ESTRAGON: No sé.

VLADIMIR: ¿Por qué?

ESTRAGON: No me acuerdo.

VLADIMIR: No, quiero decir por qué los tiraste.

ESTRAGON: Me hacían daño.

VLADIMIR *(Le muestra los zapatos.)*: Aquí están.

(Estragon mira los zapatos.) En el mismo lugar en donde los dejaste anoche.

(Estragon va hacia los zapatos, se inclina, los observa de cerca.)

ESTRAGON: No son los míos.

VLADIMIR: ¡No son los tuyos!

ESTRAGON: Los míos eran negros. Estos son amarillos.

VLADIMIR: ¿Estás seguro de que los tuyos eran negros?

ESTRAGON: Mejor dicho, eran grises.

VLADIMIR: Y éstos, ¿son amarillos? A ver.

ESTRAGON *(Levanta un zapato.)*: Bueno, son verdosos.

VLADIMIR *(Avanza.)*: A ver. *(Estragon le alarga el zapato. Vladimir lo mira y lo arroja enfurecido.)* ¡Vaya!

ESTRAGON: Ya ves, todo esto son...

VLADIMIR: Ya veo qué es. Sí, ya veo qué ha sucedido.

ESTRAGON: Todo esto son los...

VLADIMIR: Claro como el agua. Ha venido un tipo que se ha llevado los tuyos y te ha dejado los suyos.

ESTRAGON: ¿Por qué?

VLADIMIR: Los suyos no le quedaban bien. Entonces ha cogido los tuyos.

ESTRAGON: Pero los míos eran muy pequeños.

VLADIMIR: Para ti. Para él, no.

ESTRAGON: Estoy cansado. *(Pausa.)* Vámonos.

VLADIMIR: No podemos.

ESTRAGON: ¿Por qué?

VLADIMIR: Esperamos a Godot.

ESTRAGON: Es cierto. *(Pausa.)* Entonces, ¿qué hacemos?

VLADIMIR: No hay nada que hacer.

ESTRAGON: Yo ya no puedo más.

VLADIMIR: ¿Quieres un rábano?

ESTRAGON: ¿No hay nada más?

VLADIMIR: Hay rábanos y nabos.

ESTRAGON: ¿No quedan zanahorias?

VLADIMIR: No. Además, exageras con tanta zanahoria.

ESTRAGON: Pues dame un rábano. *(Vladimir hurga en sus bolsillos y sólo encuentra nabos; por último, saca un rábano que da a Estragon, quien lo examina y olfatea.)* ¡Es negro!

VLADIMIR: Es un rábano.

ESTRAGON: ¡Sólo me gustan los rosados, lo sabes de sobras!

VLADIMIR: ¿Entonces, qué, no lo quieres?

ESTRAGON: ¡Sólo me gustan los rosados!

VLADIMIR: Pues devuélvemelo.

(Estragon se lo devuelve.)

ESTRAGON: Voy a por una zanahoria.

(No se mueve.)

VLADIMIR: Esto cada vez tiene menos interés.
ESTRAGON: Todavía es poco.

(Silencio.)

VLADIMIR: ¿Y si lo intentaras?
ESTRAGON: Ya lo he intentado todo.
VLADIMIR: Me refiero a los zapatos.
ESTRAGON: ¿Tú crees?
VLADIMIR: Así mataremos el tiempo. *(Estragon duda.)* Resultará entretenido, te lo aseguro.
ESTRAGON: Un descanso.
VLADIMIR: Una distracción.
ESTRAGON: Un descanso.
VLADIMIR: Prueba.
ESTRAGON: ¿Me ayudarás?
VLADIMIR: Seguro.
ESTRAGON: Juntos, no nos las arreglamos del todo mal, ¿verdad, Didi?

VLADIMIR: Claro que no. Anda, inténtalo primero con el izquierdo.

ESTRAGON: Siempre encontramos alguna cosa que nos produce la sensación de existir, ¿no es cierto, Didi?

VLADIMIR *(impaciente)*: Claro que sí, claro que sí, somos magos. Pero no nos desdigamos de lo que hemos decidido. *(Recoge un zapato.)* Ven, dame el pie. *(Estragon se le acerca y levanta un pie.)* ¡El otro, cerdo! *(Estragon levanta el otro pie.)* ¡Más alto! *(Pegados el uno al otro, tambaleándose, recorren el escenario. Por fin, Vladimir consigue ponerle el zapato.)* Intenta andar. *(Estragon anda.)* ¿Qué?

ESTRAGON: Me queda bien.

VLADIMIR *(Saca un cordón del bolsillo.)*: Vamos a atarlo.

ESTRAGON *(vehemente)*: ¡No, no, lazos, no, lazos, no!

VLADIMIR: Te equivocas. Probemos el otro. *(Lo mismo.)* ¿Qué?

ESTRAGON: También me queda bien.

VLADIMIR: ¿No te hacen daño?

ESTRAGON *(Da unos pasos, pisando con fuerza.)*: Aún no.

VLADIMIR: Entonces puedes quedártelos.

ESTRAGON: Son demasiado grandes.

VLADIMIR: Algún día quizá tengas calcetines.

ESTRAGON: Es cierto.

VLADIMIR: ¿Qué? ¿Te los quedas?

ESTRAGON: Hemos hablado demasiado de estos zapatos.

VLADIMIR: Sí, pero...

ESTRAGON: ¡Basta! *(Silencio.)* De todos modos voy a sentarme.

(Con la mirada, busca un lugar donde sentarse, luego va a sentarse en donde estaba al principio del acto primero.)

VLADIMIR: Anoche estabas sentado ahí.

(Silencio.)

ESTRAGON: Si pudiera dormir.

VLADIMIR: Anoche dormiste.

ESTRAGON: Lo intentaré.

(Adopta una postura uterina, con la cabeza entre las piernas.)

VLADIMIR: Escucha. *(Se acerca a Estragon y empieza a cantar en voz alta.)*
Do do do do...

ESTRAGON *(Levanta la cabeza.)*: No tan alto.
VLADIMIR *(más bajo)*:
>Do do do do
>Do do do do
>Do do do do
>Do do...

(Estragon se duerme. Vladimir se quita la chaqueta y le cubre los hombros, luego empieza a andar de un lado para otro flexionando los brazos para calentarse. Estragon se despierta sobresaltado, se levanta, da algunos pasos inconsciente. Vladimir corre hacia él, lo rodea con un brazo.)

VLADIMIR: Aquí... aquí... estoy aquí... no temas.
ESTRAGON: ¡Ah!
VLADIMIR: Aquí... aquí... ya pasó.
ESTRAGON: Me caía.
VLADIMIR: Ya pasó. No pienses más en ello.
ESTRAGON: Estaba sobre un...
VLADIMIR: No, no, no digas nada. Ven, caminemos un poco.

(Coge a Estragon por el brazo y le hace andar de un lado para otro, hasta que éste se niega a continuar.)

ESTRAGON: ¡Basta! Estoy cansado.

VLADIMIR: ¿Prefieres estar aquí, plantado, sin hacer nada?

ESTRAGON: Sí.

VLADIMIR: Como quieras.

(Deja a Estragon, recoge su chaqueta y se la pone.)

ESTRAGON: Vayámonos.

VLADIMIR: No podemos.

ESTRAGON: ¿Por qué?

VLADIMIR: Esperamos a Godot.

ESTRAGON: Es cierto. *(Vladimir reemprende su ir y venir.)* ¿No puedes estarte quieto?

VLADIMIR: Tengo frío.

ESTRAGON: Hemos llegado demasiado temprano.

VLADIMIR: Siempre al anochecer.

ESTRAGON: Pero la noche no cae.

VLADIMIR: Caerá de pronto, como ayer.

ESTRAGON: Y después será de noche.

VLADIMIR: Y podremos marcharnos.

ESTRAGON: Y después será otra vez de día. *(Pausa.)* ¿Qué hacer, qué hacer?

VLADIMIR *(Deja de andar, con violencia.)*: ¿Terminarás de lamentarte? Ya me estás jorobando con tus gemidos.

ESTRAGON: Me voy.

VLADIMIR *(Ve el sombrero de Lucky.)*: ¡Mira!

114

ESTRAGON: Adiós.

VLADIMIR: ¡El sombrero de Lucky! *(Se acerca.)* Hace una hora que estoy aquí y no lo había visto. *(Muy contento.)* ¡Perfecto!

ESTRAGON: No volverás a verme.

VLADIMIR: Así que no me he confundido de lugar. Ya podemos estar tranquilos. *(Recoge el sombrero de Lucky, lo mira, lo arregla.)* Debió ser un hermoso sombrero. *(Se lo cala en lugar del suyo, y éste se lo tiende a Estragon.)* Toma.

ESTRAGON: ¿Qué?

VLADIMIR: Ténmelo.

(Estragon coge el sombrero de Vladimir. Vladimir se cala con ambas manos el sombrero de Lucky. Estragon se pone el sombrero de Vladimir en lugar del suyo que tiende a Vladimir. Vladimir coge el sombrero de Estragon. Estragon se cala con ambas manos el sombrero de Vladimir. Vladimir se pone el sombrero de Estragon en lugar del de Lucky, el cual tiende a Estragon. Estragon coge el sombrero de Lucky. Vladimir se cala con ambas manos el sombrero de Estragon. Estragon se pone el sombrero de Lucky en lugar del de Vladimir, que tiende a éste. Vladimir coge su sombrero. Estragon se cala con ambas manos el sombrero de Lucky. Vladimir se pone su sombrero en lugar del de Estragon, el cual le tien-

115

de a éste. Estragon coge su sombrero, Vladimir se
cala con ambas manos su sombrero. Estragon se pone
su sombrero en lugar del de Lucky, el cual tiende a
Vladimir. Vladimir coge el sombrero de Lucky. Estra-
gon se cala su sombrero con ambas manos. Vladimir
se pone el sombrero de Lucky en lugar del suyo, que
tiende a Estragon. Estragon coge el sombrero de Vla-
dimir. Vladimir se cala el sombrero de Lucky con am-
bas manos, Estragon tiende el sombrero de Vladimir
a Vladimir, quien lo coge y lo tiende a Estragon,
quien lo coge y se lo tiende a Vladimir, quien lo coge
y lo tira. Todo con movimientos muy rápidos.)

VLADIMIR: ¿Me queda bien?

ESTRAGON: No sé.

VLADIMIR: No, pero, ¿qué te parece, eh?

(Vuelve la cabeza de derecha a izquierda, coqueta-
mente, adopta posturas de maniquí.)

ESTRAGON: Horroroso.

VLADIMIR: Pero, ¿más que de costumbre?

ESTRAGON: Igual.

VLADIMIR: Entonces, puedo quedármelo. El mío
    me hacía daño. *(Pausa.)* ¿Cómo explicarlo?
    (Pausa.) Me arañaba.

ESTRAGON: Me voy.

VLADIMIR: ¿No quieres jugar?

116

ESTRAGON: ¿Jugar? ¿A qué?

VLADIMIR: Podríamos jugar a Pozzo y a Lucky.

ESTRAGON: No lo conozco.

VLADIMIR: Yo seré Lucky, tu serás Pozzo. *(Imita la postura de Lucky, doblándose por el peso del equipaje. Estragon le observa estupefacto.)* Vamos.

ESTRAGON: ¿Qué debo hacer?

VLADIMIR: ¡Insúltame!

ESTRAGON: ¡Canalla!

VLADIMIR: ¡Más fuerte!

ESTRAGON: ¡Basura! ¡Cerdo!

(Vladimir avanza, siempre doblado.)

VLADIMIR: Dime que piense.

ESTRAGON: ¿Qué?

VLADIMIR: Di, ¡piensa, cerdo!

ESTRAGON: ¡Piensa, cerdo!

(Silencio.)

VLADIMIR: ¡No puedo!

ESTRAGON: ¡Basta!

VLADIMIR: Dime que baile.

ESTRAGON: ¡Baila, cerdo! *(Se retuerce. Estragon sale precipitadamente.)* ¡No puedo! *(Levanta la ca-*

beza, ve que Estragon ya no está, lanza un grito desgarrador.) ¡Gogo! *(Silencio. Empieza a recorrer el escenario casi corriendo. Estragon vuelve precipitadamente, sin aliento, corre hacia Vladimir. Se detienen a pocos pasos de distancia uno del otro.)* ¡Por fin has vuelto! *(Jadea.)* ¡Estoy maldito!

VLADIMIR: ¿Dónde has estado? Creí que te habías marchado para siempre.

ESTRAGON: Hasta el borde del barranco. Vienen.

VLADIMIR: ¿Quiénes?

ESTRAGON: No sé.

VLADIMIR: ¿Cuántos?

ESTRAGON: No sé.

VLADIMIR *(triunfal)*: ¡Godot! ¡Por fin! *(Abraza efusivamente a Estragon.)* ¡Gogo! ¡Es Godot! ¡Estamos salvados! ¡Vayamos a su encuentro! ¡Ven! *(Arrastra a Estragon hacia bastidores. Estragon se resiste, se libera, sale corriendo en sentido opuesto.)* ¡Gogo! ¡Regresa! *(Silencio. Vladimir corre hacia el bastidor por donde Estragon regresó y mira a lo lejos. Estragon vuelve precipitadamente, corre hacia Vladimir, que se vuelve.)* ¡Por fin has regresado!

ESTRAGON: ¡Estoy condenado!

VLADIMIR: ¿Has ido muy lejos?

ESTRAGON: Hasta el borde del barranco.

VLADIMIR: Es cierto, estamos sobre una plataforma. No hay duda, estamos servidos en bandeja.

ESTRAGON: También vienen por allí.

VLADIMIR: ¡Estamos rodeados! *(Enloquecido, Estragon se precipita sobre el telón de fondo, choca y cae.)* ¡Imbécil! Por ahí no hay salida. *(Vladimir lo levanta y lo lleva hacia la rampa. Gesto al público.)* Allí no hay nadie. Escapa por allí. Ve *(Le empuja hacia el fondo. Estragon retrocede asustado.)* ¿No quieres? Lo comprendo perfectamente. Veamos. *(Reflexiona.)* Lo único que puedes hacer es desaparecer.

ESTRAGON: ¿Dónde?

VLADIMIR: Detrás del árbol. *(Estragon duda.)* ¡Rápido! Detrás del árbol. *(Estragon corre a ocultarse detrás del árbol que sólo lo tapa muy imperfectamente.)* ¡No te muevas! *(Estragon sale de detrás del árbol.)* Decididamente este árbol no nos sirve para nada. *(A Estragon.)* ¿Te has vuelto loco?

ESTRAGON *(más tranquilo)*: He perdido el juicio. *(Baja vergonzosamente la cabeza.)* ¡Perdón! *(Yergue orgullosamente la cabeza.)* ¡Se acabó! ¡Ahora verás! ¡Dime qué hay que hacer!

VLADIMIR: No hay nada que hacer.

ESTRAGON: Tú te colocas allí. *(Empuja a Vladimir hacia la lateral izquierda y le coloca en el centro*

119

del camino, vuelto de espaldas.) Ahí, quieto, y mantén los ojos muy abiertos. *(Corre hacia el otro lateral. Vladimir le mira por encima del hombro. Estragon se detiene, mira a lo lejos y se vuelve. Ambos se miran por encima del hombro.)* ¡Hombro a hombro, como en los viejos tiempos! *(Siguen mirándose durante un momento y luego cada cual vuelve a su guardia. Largo silencio.)* ¿Ves algo?

VLADIMIR *(Se vuelve.)*: ¿Cómo?

ESTRAGON: ¿Ves algo?

VLADIMIR: No.

ESTRAGON: Yo tampoco.

(Prosiguen el acecho. Largo silencio.)

VLADIMIR: Te habrás equivocado.

ESTRAGON *(Se vuelve.)*: ¿Qué?

VLADIMIR *(más alto)*: Que te habrás equivocado.

ESTRAGON: No grites.

(Prosiguen el acecho. Largo silencio.)

VLADIMIR, ESTRAGON *(Se vuelven simultáneamente.)*: Es...

VLADIMIR: ¡Oh, perdón!

ESTRAGON: Te escucho.

120

VLADIMIR: ¡No, no!

ESTRAGON: ¡Sí, sí!

VLADIMIR: Te he cortado.

ESTRAGON: Al contrario.

(Se miran coléricos.)

VLADIMIR: Vamos, sin cumplidos.

ESTRAGON: No seas testarudo, vamos.

VLADIMIR *(con énfasis)*: Te digo que termines tu frase.

ESTRAGON *(igual)*: Termina la tuya.

(Silencio. Van el uno hacia el otro. Se detienen.)

VLADIMIR: ¡Miserable!

ESTRAGON: ¡Eso es, insultémonos *(Intercambio de injurias. Silencio.)* Ahora reconciliémonos.

VLADIMIR: ¡Gogo!

ESTRAGON: ¡Didi!

VLADIMIR: ¡La mano!

ESTRAGON: ¡Aquí la tienes!

VLADIMIR: ¡Ven a mis brazos!

ESTRAGON: ¿A tus brazos?

VLADIMIR *(Abre los brazos.)*: ¡Aquí dentro!

ESTRAGON: ¡Venga!

(Se abrazan. Silencio.)

VLADIMIR: ¡Cómo pasa el tiempo cuando uno se divierte!

(Silencio.)

ESTRAGON: ¿Qué hacemos ahora?
VLADIMIR: Mientras esperamos.
ESTRAGON: Mientras esperamos.

(Silencio.)

VLADIMIR: ¿Y si hiciéramos nuestros ejercicios?
ESTRAGON: Nuestros movimientos.
VLADIMIR: De flexibilidad.
ESTRAGON: De relajación.
VLADIMIR: De rotación.
ESTRAGON: De relajación.
VLADIMIR: Para calentarnos.
ESTRAGON: Para tranquilizarnos.
VLADIMIR: Venga.

(Empieza a saltar. Estragon lo imita.)

ESTRAGON *(Se detiene.)*: Basta. Estoy cansado.
VLADIMIR *(Se detiene.)*: No estamos en condicio-

nes. Hagamos algunos ejercicios respiratorios.

ESTRAGON: Yo ya no quiero respirar.

VLADIMIR: Tienes razón. *(Pausa.)* De todos modos, hagamos el árbol, para el equilibrio.

ESTRAGON: ¿El árbol?

(Vladimir hace el árbol, tambaleándose.)

VLADIMIR *(Se detiene)*: Te toca a ti.

(Estragon hace el árbol, tambaleándose.)

ESTRAGON: ¿Crees que Dios me ve?

VLADIMIR: Hay que cerrar los ojos.

(Estragon cierra los ojos, se tambalea más.)

ESTRAGON *(Se detiene, blande los puños, grita.)*: ¡Dios, ten piedad de mí!

VLADIMIR *(ofendido)*: ¿Y yo?

ESTRAGON *(igual)*: ¡De mí! ¡De mí! ¡Piedad! ¡De mí!

(Entran Pozzo y Lucky. Pozzo se ha vuelto ciego. Lucky, cargado como en el acto primero. Cuerda, como en el acto primero, pero mucho más corta, para permitir que Pozzo pueda seguirle más cómodamente. Lu-

123

cky, tocado con un nuevo sombrero. Al ver a Vladimir y a Estragon, se detiene. Pozzo, continúa su camino, choca contra él. Vladimir y Estragon retroceden.)

POZZO *(aferrándose a Lucky, quien, bajo el nuevo peso, se tambalea)*: ¿Qué sucede? ¿Quién ha gritado?

(Lucky cae, soltándolo todo, y arrastra a Pozzo en su caída. Quedan tendidos, inmóviles, entre el equipaje.)

ESTRAGON: ¿Es Godot?

VLADIMIR: Cae a tiempo. *(Va hacia el montón, seguido de Estragon.)* ¡Refuerzos, por fin!

POZZO *(Voz inexpresiva.)*: Socorro.

ESTRAGON: ¿Es Godot?

VLADIMIR: Comenzábamos a flaquear. Ya tenemos asegurada nuestra velada.

POZZO: ¡Auxilio!

ESTRAGON: Pide ayuda.

VLADIMIR: Ya no estamos solos para esperar la noche, para esperar a Godot, para esperar — para esperar. Hemos luchado toda la tarde con nuestros propios medios. Ahora se acabó. Ya es mañana.

ESTRAGON: Pero tan sólo están de paso.

POZZO: ¡Auxilio!

124

VLADIMIR: El tiempo ya corre de modo distinto. El sol se pondrá, se levantará la luna, y nos iremos... de aquí.

ESTRAGON: Pero sólo están de paso.

VLADIMIR: Bastará.

POZZO: ¡Piedad!

VLADIMIR: ¡Pobre Pozzo!

ESTRAGON: Sabía que era él.

VLADIMIR: ¿Quién?

ESTRAGON: Godot.

VLADIMIR: Pero si no es Godot.

ESTRAGON: ¿No es Godot?

VLADIMIR: ¡No es Godot!

ESTRAGON: ¿Quién es, pues?

VLADIMIR: Es Pozzo.

POZZO: ¡Soy yo! ¡Soy yo! ¡Levántenme!

VLADIMIR: No puede levantarse.

ESTRAGON: Vámonos.

VLADIMIR: No podemos.

ESTRAGON: ¿Por qué?

VLADIMIR: Esperamos a Godot.

ESTRAGON: Es cierto.

VLADIMIR: Quizás aún tenga huesos para ti.

ESTRAGON: ¿Huesos?

VLADIMIR: De pollo. ¿No lo recuerdas?

ESTRAGON: ¿Era él?

VLADIMIR: Sí.

ESTRAGON: Pregúntaselo.

VLADIMIR: ¿Y si primero le ayudáramos?

ESTRAGON: ¿A qué?

VLADIMIR: A levantarse.

ESTRAGON: ¿No puede levantarse?

VLADIMIR: Quiere levantarse.

ESTRAGON: Pues que se levante.

VLADIMIR: No puede.

ESTRAGON: ¿Qué le sucede?

VLADIMIR: No sé.

(Pozzo se retuerce, gime, golpea el suelo con los puños.)

ESTRAGON: ¿Y si primero le pidiéramos los huesos? Si se niega lo dejamos en el suelo.

VLADIMIR: ¿Quieres decir que tenemos la sartén por el mango?

ESTRAGON: Sí.

VLADIMIR: ¿Y que debemos poner condiciones a nuestros servicios?

ESTRAGON: Sí.

VLADIMIR: Parece una buena idea, es cierto. Pero algo me temo.

ESTRAGON: ¿Qué?

VLADIMIR: Que Lucky se levante de repente. Entonces sí que estaríamos jodidos.

ESTRAGON: ¿Lucky?

VLADIMIR: Fue él quien te atacó, ayer.

ESTRAGON: Te he dicho que fueron diez.

VLADIMIR: No, no, antes; el que te arreó las patadas.

ESTRAGON: ¿Está aquí?

VLADIMIR: Mira. *(Gesto.)* Ahora está quieto. Pero puede desatarse de un momento a otro.

ESTRAGON: ¿Y si lo escarmentáramos entre los dos?

VLADIMIR: ¿Quieres decir si le cayéramos encima mientras duerme?

ESTRAGON: Sí.

VLADIMIR: Es una buena idea. Pero, ¿somos capaces? ¿Está durmiendo, de verdad? *(Pausa.)* No, lo mejor sería aprovechar que Pozzo pide ayuda, le auxiliamos y especulamos con su agradecimiento.

ESTRAGON: Ya no pide nada.

VLADIMIR: Porque ha perdido la esperanza.

ESTRAGON: Tal vez. Pero...

VLADIMIR: No perdamos el tiempo en vanos discursos. *(Pausa. Con vehemencia.)* ¡Hagamos algo ahora que se nos presenta una ocasión! No todos los días hay alguien que nos necesita. Otros lo harían igual de bien, o mejor. La llamada que acabamos de escuchar va dirigida a la humanidad entera. Pero en este lugar, en este momento, la humanidad somos nosotros, tanto si nos gusta como si no. Aprovechémonos antes de que sea demasiado tarde. Representemos dignamente por una vez la porquería en que nos ha sumido la desgracia. ¿Qué opinas?

ESTRAGON: No he escuchado.

VLADIMIR: Es cierto que, si pesamos el pro y el contra, quedándonos de brazos cruzados, honramos igualmente nuestra condición. El tigre se precipita en ayuda de sus congéneres sin pensarlo. O bien se esconde en lo más profundo de la selva. Pero el problema no es éste. ¿Qué hacemos aquí?, éste es el problema a plantearnos. Tenemos la suerte de saberlo. Sí, en medio de esta inmensa confusión, una sola cosa está clara: estamos esperando a Godot.

ESTRAGON: Es cierto.

VLADIMIR: O que caiga la noche. *(Pausa.)* Hemos acudido a la cita, eso es todo. No somos santos, pero hemos acudido a la cita. ¿Cuántas personas podrían decir lo mismo?

ESTRAGON: Multitudes.

VLADIMIR: ¿Tú crees?

ESTRAGON: No sé.

VLADIMIR: Tal vez.

POZZO: ¡Socorro!

VLADIMIR: Lo cierto es que el tiempo, en semejantes condiciones, transcurre despacio y nos impulsa a llenarlo con manejos que, cómo decirlo, a primera vista pueden parecer razonables y a los cuales estamos acostumbrados. Me dirás que es para impedir que se ensombrezca nuestra razón. Bien, de acuerdo. Pero a veces me pregunto, ¿acaso no anda errante en la interminable noche de los grandes abismos? ¿Comprendes mi razonamiento?

ESTRAGON: Todos nacemos locos. Algunos siguen siéndolo.

POZZO: ¡Socorro! ¡Les daré dinero!

ESTRAGON: ¿Cuánto?

POZZO: Cien francos.

ESTRAGON: Es poco.

VLADIMIR: Yo no iría tan lejos.

ESTRAGON: ¿Te parece suficiente?

VLADIMIR: No, quiero decir hasta llegar a afirmar que cuando vine al mundo ya estaba mal de la cabeza. Pero no es éste el problema.

POZZO: Doscientos.

VLADIMIR: Esperamos. Nos aburrimos. *(Levanta la mano.)* No, no protestes, nos aburrimos como ostras, es indudable. Bueno. Se nos presenta un motivo de diversión, y ¿qué hacemos? Dejamos que se pudra. Vamos, manos a la obra.

(Avanza hacia Pozzo, se detiene.) Dentro de unos instantes todo habrá terminado, volveremos a estar solos, en medio de tanta soledad. *(Piensa.)*

POZZO: ¡Doscientos!

VLADIMIR: Ya vamos, ya vamos.

(Intenta levantar a Pozzo, no lo consigue. Reanuda sus esfuerzos, tropieza con el equipaje, cae, intenta levantarse, no lo consigue.)

ESTRAGON: ¿Qué les sucede?

VLADIMIR: ¡Socorro!

ESTRAGON: Me voy.

VLADIMIR: ¡No me dejes! ¡Me matarán!

POZZO: ¿Dónde estoy?

VLADIMIR: ¡Gogo!

POZZO: ¡A mí!

VLADIMIR: ¡Ayúdame!

ESTRAGON: Yo me voy.

VLADIMIR: Antes, ayúdame. Después nos iremos juntos.

ESTRAGON: ¿Me lo prometes?

VLADIMIR: ¡Lo juro!

ESTRAGON: Y no volveremos nunca.

VLADIMIR: ¡Nunca!

ESTRAGON: Nos iremos a Ariège.

VLADIMIR: Adonde quieras.

POZZO: ¡Trescientos! ¡Cuatrocientos!

ESTRAGON: Siempre deseé pasearme por Ariège.

VLADIMIR: Te pasearás.

ESTRAGON: ¿Quién se ha tirado un pedo?

VLADIMIR: Ha sido Pozzo.

POZZO: ¡He sido yo! ¡He sido yo! ¡Piedad!

ESTRAGON: Es asqueroso.

VLADIMIR: ¡Rápido! ¡Rápido! ¡Dame la mano!

ESTRAGON: Me voy. *(Pausa. Más alto.)* Me voy.

VLADIMIR: A pesar de todo, lograré levantarme solo.
(Intenta levantarse, cae de nuevo.) Tarde o temprano.

ESTRAGON: ¿Qué te sucede?

VLADIMIR: Lárgate.

ESTRAGON: ¿Te quedas ahí?

VLADIMIR: De momento.

ESTRAGON: Levántate, anda, vas a coger frío.

VLADIMIR: No te preocupes por mí.

ESTRAGON: Vamos, Didi, no seas testarudo. *(Tiende
la mano a Vladimir, quien se aferra a ella rápidamente.)* ¡Vamos, arriba!

VLADIMIR: ¡Tira!

(Estragon tira, tropieza, cae. Largo silencio.)

POZZO: ¡A mí!

VLADIMIR: Aquí estamos.

POZZO: ¿Quiénes son ustedes?

VLADIMIR: Somos hombres.

(Silencio.)

ESTRAGON: ¡Qué bien se está en el suelo!

VLADIMIR: ¿Puedes levantarte?

ESTRAGON: No sé.

VLADIMIR: Inténtalo.

ESTRAGON: Enseguida, enseguida.

(Silencio.)

POZZO: ¿Qué ha ocurrido?

VLADIMIR *(Voz alta.)*: ¿Quieres callarte de una santa vez? ¡Qué peste! Sólo piensas en ti mismo.

ESTRAGON: ¿Y si intentásemos dormir?

VLADIMIR: ¿Has oído? ¡Quiere saber qué ha ocurrido!

ESTRAGON: Déjale. Duerme.

(Silencio.)

POZZO: ¡Piedad! ¡Piedad!

ESTRAGON *(sobresaltado)*: ¿Qué? ¿Qué ocurre?

VLADIMIR: ¿Dormías?

132

ESTRAGON: Creo que sí.

VLADIMIR: ¡Otra vez ese cerdo de Pozzo!

ESTRAGON: ¡Dile que cierre el pico! ¡Pártele la boca!

VLADIMIR *(Pega a Pozzo.)*: ¿Has terminado? ¿Quieres callarte? ¡Gusano! *(Pozzo se libera lanzando gritos de dolor y se aleja arrastrándose. De vez en cuando se detiene, tantea en el aire con gestos de ciego, llamando a Lucky. Vladimir, apoyado en un codo, le sigue con la mirada.)* ¡Se ha escapado! *(Pozzo se desploma. Silencio.)* ¡Se ha caído!

ESTRAGON: ¿Se había levantado?

VLADIMIR: No.

ESTRAGON: Y, sin embargo, dices que se ha caído.

VLADIMIR: Andaba a gatas. *(Silencio.)* Quizá nos hayamos excedido.

ESTRAGON: Situaciones como ésta no se nos presentan con frecuencia.

VLADIMIR: Ha pedido ayuda. Nos hemos hecho el sordo. Lo hemos maltratado.

ESTRAGON: Es cierto.

VLADIMIR: No se mueve. Quizás haya muerto.

ESTRAGON: Por haber querido ayudarle estamos ahora en este atolladero.

VLADIMIR: Es cierto.

ESTRAGON: ¿No le habrás dado demasiado fuerte?

VLADIMIR: Le he arreado unos cuantos golpes.

ESTRAGON: No debiste hacerlo.

VLADIMIR: Tú lo quisiste.

ESTRAGON: Es cierto. *(Pausa.)* ¿Y ahora, qué hacemos?

VLADIMIR: Si pudiera arrastrarme hasta él.

ESTRAGON: ¡No me abandones!

VLADIMIR: ¿Y si le llamase?

ESTRAGON: Eso, llámale.

VLADIMIR: ¡Pozzo! *(Pausa.)* ¡Pozzo! *(Pausa.)* Ya no contesta.

ESTRAGON: Ahora, los dos a la vez.

VLADIMIR, ESTRAGON: ¡Pozzo! ¡Pozzo!

VLADIMIR: Se ha movido.

ESTRAGON: ¿Estás seguro de que se llama Pozzo?

VLADIMIR *(angustiado)*: ¡Señor Pozzo! ¡Vuelva! ¡No le haremos daño!

(Silencio.)

ESTRAGON: ¿Y si probásemos con otros nombres?

VLADIMIR: Temo haberle herido de verdad.

ESTRAGON: Sería divertido.

VLADIMIR: ¿Qué sería divertido?

ESTRAGON: Probar con otros nombres, uno tras otro. Así mataríamos el tiempo. Terminaríamos por acertar el auténtico.

VLADIMIR: Te digo que se llama Pozzo.

ESTRAGON: Vamos a verlo. Veamos. *(Reflexiona.)* ¡Abel! ¡Abel!

POZZO: ¡A mí!

ESTRAGON: ¡Ya ves!

VLADIMIR: Este asunto ya me está hartando.

ESTRAGON: Tal vez el otro se llama Caín. *(Llama.)* ¡Caín! ¡Caín!

POZZO: ¡A mí!

ESTRAGON: Es toda la humanidad. *(Silencio.)* Mira esa nubecilla.

VLADIMIR *(Levanta la mirada.)*: ¿Dónde?

ESTRAGON: Allí, en el cenit.

VLADIMIR: ¿Y? *(Pausa.)* ¿Qué tiene de extraordinario?

(Silencio.)

ESTRAGON: Pasemos ya a otra cosa, ¿quieres?

VLADIMIR: Era justo lo que iba a proponerte.

ESTRAGON: Pero, ¿a qué?

VLADIMIR: ¡Ah, éste es el problema!

(Silencio.)

ESTRAGON: ¿Y si nos levantásemos, para empezar?

VLADIMIR: Intentémoslo otra vez.

(Se levantan.)

ESTRAGON: Ha resultado fácil.
VLADIMIR: Querer es poder.
ESTRAGON: ¿Y ahora?
POZZO: ¡Socorro!
ESTRAGON: Vayámonos.
VLADIMIR: No podemos.
ESTRAGON: ¿Por qué?
VLADIMIR: Esperamos a Godot.
ESTRAGON: Es cierto. *(Pausa.)* ¿Qué podemos hacer?
POZZO: ¡Socorro!
VLADIMIR: ¿Y si le auxiliásemos?
ESTRAGON: ¿Qué quiere?
VLADIMIR: Quiere levantarse.
ESTRAGON: ¿Y después?
VLADIMIR: Quiere que le ayudemos a levantarse.
ESTRAGON: Bien, ayudémosle. ¿A qué esperamos?

(Ayudan a Pozzo a levantarse, se separan de él. Cae otra vez.)

VLADIMIR: Hay que sostenerle. *(Mismos gestos.
    Pozzo permanece en pie entre los dos, colgado de*

sus cuellos.) Necesita acostumbrarse a estar en pie. *(A Pozzo.)* ¿Qué tal va eso?

POZZO: ¿Quiénes son ustedes?

VLADIMIR: ¿No nos reconoce?

POZZO: Soy ciego.

(Silencio.)

ESTRAGON: Quizá vea más adelante.

VLADIMIR *(a Pozzo)*: ¿Desde cuándo?

POZZO: Tenía una vista excelente, pero... ¿son ustedes amigos?

ESTRAGON *(Ríe a carcajadas.)*: ¡Pregunta si somos amigos!

VLADIMIR: No, pregunta si somos amigos suyos.

ESTRAGON: ¿Y pues?

VLADIMIR: La prueba es que le hemos ayudado.

ESTRAGON: ¡Claro! ¿Le hubiéramos ayudado de no ser sus amigos?

VLADIMIR: Tal vez.

ESTRAGON: Evidentemente.

VLADIMIR: No discutamos encima.

POZZO: ¿Son ustedes bandidos?

ESTRAGON: ¡Bandidos! ¿Tenemos aspecto de bandidos?

VLADIMIR: ¡Vamos! Es ciego.

ESTRAGON *(Observa el cielo.)*: Veamos...

VLADIMIR: ¿Las siete? ¿Las ocho...?

ESTRAGON: Depende del tiempo.

POZZO: ¿Es de noche?

(Silencio. Vladimir y Estragon miran la puesta de sol.)

ESTRAGON: Parece que vuelve a salir.

VLADIMIR: Es imposible.

ESTRAGON: ¿Y si amaneciera?

VLADIMIR: No digas sandeces. El oeste está por allí.

ESTRAGON: ¿Y tú, qué sabes?

POZZO *(angustiado)*: ¿Es de noche?

VLADIMIR: Además, no se ha movido.

ESTRAGON: Te digo que vuelve a salir.

POZZO: ¿Por qué no me contestan?

ESTRAGON: Porque no quisiéramos decirle una estupidez.

VLADIMIR *(tranquilizador)*: Es de noche, señor, ya ha caído la noche. Mi amigo intenta crearme dudas, y debo confesar que por un momento me ha confundido. Pero no en vano he vivido este largo día y puedo asegurarle que está dando los últimos coletazos. *(Pausa.)* Aparte de eso, ¿cómo se encuentra usted?

ESTRAGON: ¿Cuánto tiempo tendremos que cargar con él todavía? *(Lo sueltan un momento, vuel-*

ven a cogerlo al ver que va a volver a caer.) No somos cariátides.

VLADIMIR: Si no he entendido mal, decía usted que antes tuvo una vista excelente.

POZZO: Sí, excelente.

(Silencio.)

ESTRAGON *(irritado)*: ¡Explíquese! ¡Explíquese!

VLADIMIR: Déjale tranquilo. ¿No comprendes que está recordando su felicidad? *(Pausa.) Memoria praeteritorum bonorum* —debe ser muy penoso.

POZZO: Sí, excelente.

VLADIMIR: ¿Y la perdió de repente?

POZZO: Excelente.

VLADIMIR: Le pregunto si la perdió de repente.

POZZO: Un buen día me desperté ciego como el destino. *(Pausa.)* A veces me pregunto si aún no estaré durmiendo.

VLADIMIR: ¿Cuándo sucedió?

POZZO: No sé.

VLADIMIR: Pero lo más tarde ayer...

POZZO: No me pregunten. Los ciegos no tenemos noción del tiempo. *(Pausa.)* Tampoco ven las cosas del tiempo.

VLADIMIR: Me voy.

POZZO: ¿En dónde estamos?

VLADIMIR: No sé.

POZZO: ¿No nos encontraremos en un lugar llamado La Planche?

VLADIMIR: No lo conozco.

POZZO: ¿A qué se parece este lugar?

VLADIMIR *(Mira alrededor.)*: No puede describirse. No se parece a nada. No hay nada. Hay un árbol.

POZZO: Entonces, no es La Planche.

ESTRAGON *(encorvándose)*: ¡Vaya diversión!

POZZO: ¿Dónde está mi criado?

VLADIMIR: Allí.

POZZO: ¿Por qué no responde a mis llamadas?

VLADIMIR: No sé. Parece dormir. Puede que esté muerto.

POZZO: ¿Qué ha sucedido, exactamente?

ESTRAGON: ¡Exactamente!

VLADIMIR: Han caído los dos.

POZZO: Vayan a ver si está herido.

VLADIMIR: No podemos dejarle a usted solo.

POZZO: No es necesario que vayan los dos.

VLADIMIR *(a Estragon)*: Ve tú.

POZZO: Eso es, que vaya su amigo. Apesta tanto.

VLADIMIR: Ve a despertarle.

ESTRAGON: ¡Después de lo que me hizo! ¡Nunca!

VLADIMIR: ¡Ah, por fin recuerdas que te hizo algo!

140

ESTRAGON: No recuerdo absolutamente nada. Tú me lo has dicho.

VLADIMIR: Es cierto. *(A Pozzo.)* Mi amigo tiene miedo.

POZZO: Nada tiene que temer.

VLADIMIR *(a Estragon)*: A propósito, la gente que viste, ¿dónde está?

ESTRAGON: No sé.

VLADIMIR: Quizá se hayan escondido en alguna parte, para espiarnos.

ESTRAGON: Eso.

VLADIMIR: Puede que se hayan detenido, simplemente.

ESTRAGON: Eso.

VLADIMIR: Para descansar.

ESTRAGON: Para comer.

VLADIMIR: Quizá se hayan ido por donde han venido.

ESTRAGON: Eso.

VLADIMIR: Quizá tuviste una visión.

ESTRAGON: Una visión.

VLADIMIR: Una alucinación.

ESTRAGON: Una ilusión.

POZZO: ¿Qué espera?

VLADIMIR *(a Estragon)*: ¿Qué esperas?

VLADIMIR: Espero a Godot.

VLADIMIR *(a Pozzo)*: Ya le dije que mi amigo tiene

miedo. Ayer su criado le atacó cuando lo único que quería era enjugarle las lágrimas.

POZZO: Ah, nunca hay que ser amable con gentes como éstas. No lo soportan.

VLADIMIR: Entonces, ¿qué hay que hacer?

POZZO: Bueno, en primer lugar, tirar de la cuerda, con cuidado, naturalmente, de no estrangularlo. Por lo general, eso le hace reaccionar. En caso contrario, pegarle patadas, a ser posible en el bajo vientre y en la cara.

VLADIMIR *(a Estragon)*: ¿Ves? No tienes nada que temer. Incluso se te presenta la ocasión para vengarte.

ESTRAGON: ¿Y si se defiende?

POZZO: No, no, jamás se defiende.

VLADIMIR: Volaría en tu ayuda.

ESTRAGON: ¡No me quites los ojos de encima! *(Se dirige hacia Lucky.)*

VLADIMIR: Primero comprueba si está vivo. Si está muerto no vale la pena patearlo.

ESTRAGON *(inclinado sobre Lucky)*: Respira.

VLADIMIR: Pues anda, dale.

(Súbitamente desatado, Estragon, aullando, arremete a patadas contra Lucky. Pero se lastima un pie y se aleja cojeando y gimiendo. Lucky recobra el sentido.)

ESTRAGON *(apoyado sobre una pierna)*: ¡Qué bestia!

(Estragon se sienta, intenta quitarse los zapatos. Pero renuncia enseguida, coloca la cabeza entre las piernas y los brazos delante de la cabeza.)

POZZO: ¿Qué sucede ahora?

VLADIMIR: Mi amigo se ha lastimado.

POZZO: ¿Y Lucky?

VLADIMIR: ¿Así que es él?

POZZO: ¿Cómo?

VLADIMIR: ¿Así que es él?

POZZO: ¿Cómo?

VLADIMIR: ¿Se trata de Lucky?

POZZO: No comprendo.

VLADIMIR: Y usted, ¿usted es Pozzo?

POZZO: Pues claro que soy Pozzo.

VLADIMIR: ¿Los mismos de ayer?

POZZO: ¿De ayer?

VLADIMIR: Ayer nos vimos. *(Silencio.)* ¿No lo recuerda?

POZZO: No recuerdo haberme encontrado con nadie ayer. Pero mañana no recordaré haberme encontrado con alguien hoy. No cuente conmigo para salir de dudas. Y basta ya. ¡En pie!

VLADIMIR: Usted lo conducía a San Salvador para

venderlo. Usted habló con nosotros. El bailó. Usted veía.

POZZO: Si usted lo dice. Déjeme, por favor. *(Vladimir se aparta.)* ¡En pie!

VLADIMIR: Se levanta.

(Lucky se levanta, recoge el equipaje.)

POZZO: Hace bien.

VLADIMIR: ¿Adónde se dirige?

POZZO: No me preocupo por eso.

VLADIMIR: ¡Cómo ha cambiado!

(Lucky, cargado con el equipaje, se coloca delante de Pozzo.)

POZZO: ¡Látigo! *(Lucky deja el equipaje en el suelo, busca el látigo, lo encuentra, se lo da a Pozzo, vuelve a recoger el equipaje.)* ¡Cuerda! *(Lucky deja el equipaje en el suelo, pone el extremo de la cuerda en la mano de Pozzo, vuelve a recoger el equipaje.)*

VLADIMIR: ¿Qué hay en esa maleta?

POZZO: Arena. *(Tira de la cuerda.)* ¡En marcha!

(Lucky se pone en movimiento, Pozzo le sigue.)

VLADIMIR: Un momento.

(Pozzo se detiene. La cuerda se tensa. Lucky cae, ti-rándolo todo. Pozzo se tambalea, suelta la cuerda a tiempo, vacila. Vladimir le sostiene.)

POZZO: ¿Qué ocurre?
VLADIMIR: Ha caído.
POZZO: Pronto, levántele antes de que se duerma.
VLADIMIR: ¿No se caerá usted si lo suelto?
POZZO: No creo.

(Vladimir da unas patadas a Lucky.)

VLADIMIR: ¡Levántate! ¡Cerdo! *(Lucky se pone de nuevo en pie, recoge el equipaje.)* Se ha levantado.
POZZO *(tiende la mano)*: ¡Cuerda!

(Lucky deja las maletas en el suelo, pone el extremo de la cuerda en la mano de Pozzo, vuelve a recoger el equipaje.)

VLADIMIR: No se marche todavía.
POZZO: Me voy.
VLADIMIR: ¿Qué hacen cuando caen en donde nadie puede ayudarles?

Pozzo: Esperamos a poder levantarnos. Después proseguimos la marcha.

Vladimir: Antes de irse, dígale que cante.

Pozzo: ¿A quién?

Vladimir: A Lucky.

Pozzo: ¿Que cante?

Vladimir: Sí. O que piense. O que recite.

Pozzo: Pero si es mudo.

Vladimir: ¡Mudo!

Pozzo: Absolutamente. Ni siquiera puede gemir.

Vladimir: ¡Mudo! ¿Desde cuándo?

Pozzo (*furioso de repente*): ¿No ha terminado de envenenarme con sus historias sobre el tiempo? ¡Insensato! ¡Cuándo! ¡Cuándo! Un día, ¿no le basta?, un día como otro cualquiera, se volvió mudo, un día me volví ciego, un día nos volveremos sordos, un día nacimos, un día moriremos, el mismo día, el mismo instante, ¿no le basta? (*Más calmado.*) Dan a luz a caballo sobre una tumba, el día brilla por un instante, y, después, de nuevo la noche. (*Tira de la cuerda.*) ¡En marcha!

(*Salen. Vladimir les sigue hasta el límite del escenario, mira cómo se alejan. Ruido de caída, subrayado por la mímica de Vladimir, anuncia que han caído otra vez. Silencio. Vladimir va hacia Es-*

tragon, le contempla un momento, después lo despierta.)

ESTRAGON *(Gestos alocados, palabras incoherentes. por fin.)*: ¿Por qué nunca me dejas dormir?

VLADIMIR: Me sentía solo.

ESTRAGON: Soñaba que era feliz.

VLADIMIR: Esto nos ha servido para pasar el rato.

ESTRAGON: Soñaba que...

VLADIMIR: ¡Cállate! *(Silencio.)* Me pregunto si está ciego de verdad.

ESTRAGON: ¿Quién?

VLADIMIR: ¿Un verdadero ciego diría que carece de la noción del tiempo?

ESTRAGON: ¿Quién?

VLADIMIR: Pozzo.

ESTRAGON: ¿Está ciego?

VLADIMIR: Nos lo ha dicho.

ESTRAGON: ¿Y qué?

VLADIMIR: Me ha parecido que nos veía.

ESTRAGON: Lo has soñado. *(Pausa.)* Vayámonos. No podemos. Es cierto. *(Pausa.)* ¿Seguro que no era él?

VLADIMIR: ¿Quién?

ESTRAGON: Godot.

VLADIMIR: Pero, ¿quién?

ESTRAGON: Pozzo.

VLADIMIR: ¡No, por supuesto que no! *(Pausa.)* No, no.

ESTRAGON: De todos modos, me levantaré. *(Se levanta penosamente.)* ¡Ay!

VLADIMIR: Ya no sé qué pensar.

ESTRAGON: ¡Mis pies! *(Vuelve a sentarse, intenta descalzarse.)* ¡Ayúdame!

VLADIMIR: ¿Habré dormido mientras los otros sufrían? ¿Acaso duermo en este instante? Mañana, cuando crea despertar, ¿qué diré acerca de este día? ¿Que he esperado a Godot, con Estragon, mi amigo, en este lugar, hasta que cayó la noche? ¿Que ha pasado Pozzo, con su criado, y que nos ha hablado? Sin duda. Pero ¿qué habrá de verdad en todo esto? *(Estragon, que en vano se ha empeñado en descalzarse, vuelve a adormecerse, Vladimir lo mira.)* El no sabrá nada. Hablará de los golpes encajados y yo le daré una zanahoria. *(Pausa.)* A caballo entre una tumba y un parto difícil. En el fondo del agujero, pensativamente, el sepulturero prepara sus herramientas. Hay tiempo para envejecer. El aire está lleno de nuestros gritos. *(Escucha.)* Pero la costumbre ensordece. *(Mira a Estragon.)* A mí también, otro me mira, diciéndose: Duerme, no sabe que duerme. *(Pausa.)* No puedo continuar. *(Pausa.)* ¿Qué he dicho?

(Va y viene, agitado, por fin se detiene cerca de la lateral izquierda, mira a lo lejos. Por la derecha, el muchacho de la víspera. Se detiene. Silencio.)

MUCHACHO: Señor... *(Vladimir se vuelve.)* Señor Albert...

VLADIMIR: Vuelta a empezar. *(Pausa. Al muchacho.)* ¿No me reconoces?

MUCHACHO: No, señor.

VLADIMIR: ¿Fuiste tú quien vino ayer?

MUCHACHO: No, señor.

VLADIMIR: ¿Es la primera vez que vienes?

MUCHACHO: Sí, señor.

(Silencio.)

VLADIMIR: De parte del señor Godot.

MUCHACHO: Sí, señor.

VLADIMIR: ¿No vendrá esta noche?

MUCHACHO: No, señor.

VLADIMIR: Pero vendrá mañana.

MUCHACHO: Sí, señor.

VLADIMIR: Seguro.

MUCHACHO: Sí, señor.

(Silencio.)

VLADIMIR: ¿Te has encontrado con alguien?

MUCHACHO: No, señor.

VLADIMIR: Otros dos... *(Duda.)*... hombres.

MUCHACHO: No he visto a nadie, señor.

(Silencio.)

VLADIMIR: ¿Qué hace el señor Godot? *(Pausa.)* ¿Me oyes?

MUCHACHO: Sí, señor.

VLADIMIR: ¿Y pues?

MUCHACHO: No hace nada, señor.

(Silencio.)

VLADIMIR: ¿Qué tal está tu hermano?

MUCHACHO: Está enfermo, señor.

VLADIMIR: Quizá fuera él quien vino ayer.

MUCHACHO: No lo sé, señor.

(Silencio.)

VLADIMIR: El señor Godot, ¿lleva barba?

MUCHACHO: Sí, señor.

VLADIMIR: ¿Rubia o... *(Duda.)*... o morena?

MUCHACHO *(Duda.)*: Creo que blanca, señor.

(Silencio.)

VLADIMIR: Misericordia.

(Silencio.)

MUCHACHO: ¿Qué debo decirle al señor Godot, señor?

VLADIMIR: Le dirás —*(Se interrumpe.)*—, le dirás que me has visto. *(Pausa, Vladimir avanza, el muchacho retrocede. Vladimir se detiene, el muchacho se detiene.)* Dime, ¿estás seguro de haberme visto, no me dirás mañana que nunca me has visto?

(Silencio. Vladimir da un brusco salto hacia adelante, el muchacho escapa como una flecha. Silencio. El sol se pone, la luna sale. Vladimir permanece inmóvil. Estragon se despierta, se descalza, se pone en pie, con los zapatos en la mano, los deja delante de la rampa, se dirige hacia Vladimir, le mira.)

ESTRAGON: ¿Qué te ocurre?

VLADIMIR: Nada.

ESTRAGON: Yo me voy.

VLADIMIR: Yo también.

(Silencio.)

ESTRAGON: ¿He dormido mucho?
VLADIMIR: No sé.

(Silencio.)

ESTRAGON: ¿Adónde iremos?
VLADIMIR: No muy lejos.
ESTRAGON: ¡No, no, vayámonos lejos de aquí!
VLADIMIR: No podemos.
ESTRAGON: ¿Por qué?
VLADIMIR: Mañana debemos volver.
ESTRAGON: ¿Para qué?
VLADIMIR: Para esperar a Godot.
ESTRAGON: Es cierto. *(Pausa.)* ¿No ha venido?
VLADIMIR: No.
ESTRAGON: Y ahora ya es demasiado tarde.
VLADIMIR: Sí, es de noche.
ESTRAGON: ¿Y si lo dejamos correr? *(Pausa.)* ¿Y si
lo dejamos correr?
VLADIMIR: Nos castigaría. *(Silencio. Mira el árbol.)*
Sólo el árbol vive.
ESTRAGON *(Mira el árbol.)*: ¿Qué es?
VLADIMIR: El árbol.
ESTRAGON: No, ¿qué clase de árbol?

VLADIMIR: No sé. Un sauce.

ESTRAGON: Ven a ver. *(Arrastra a Vladimir hacia el árbol. Quedan inmóviles ante él. Silencio.)* ¿Y si nos ahorcáramos?

VLADIMIR: ¿Con qué?

ESTRAGON: ¿No tienes un trozo de cuerda?

VLADIMIR: No.

ESTRAGON: Pues no podemos.

VLADIMIR: Vayámonos.

ESTRAGON: Espera, podemos hacerlo con mi cinturón.

VLADIMIR: Es demasiado corto.

ESTRAGON: Tú me tiras de las piernas.

VLADIMIR: ¿Y quién tirará de las mías?

ESTRAGON: Es cierto.

VLADIMIR: De todos modos, déjame ver. *(Estragon desata la cuerda que sujeta su pantalón. Este, demasiado ancho, le cae sobre los tobillos. Miran la cuerda.)* La verdad, creo que podría servir. ¿Resistirá?

ESTRAGON: Probemos. Toma.

(Cada uno coge una punta de la cuerda y tiran. La cuerda se rompe. Están a punto de caer.)

VLADIMIR: No sirve para nada.

(Silencio.)

ESTRAGON: ¿Dices que mañana hay que volver?
VLADIMIR: Sí.
ESTRAGON: Pues nos traeremos una buena cuerda.
VLADIMIR: Eso es.

(Silencio.)

ESTRAGON: Didi.
VLADIMIR: Sí.
ESTRAGON: No puedo seguir así.
VLADIMIR: Eso es un decir.
ESTRAGON: ¿Y si nos separásemos? Quizá sería lo mejor.
VLADIMIR: Nos ahorcaremos mañana. *(Pausa.)* A menos que venga Godot.
ESTRAGON: ¿Y si viene?
VLADIMIR: Nos habremos salvado.

(Vladimir se quita el sombrero —el de Lucky—, mira el interior, pasa la mano por dentro, lo sacude, se lo cala.)

ESTRAGON: ¿Qué? ¿Nos vamos?
VLADIMIR: Súbete los pantalones.
ESTRAGON: ¿Cómo?

VLADIMIR: Súbete los pantalones.

ESTRAGON: ¿Que me quite los pantalones?

VLADIMIR: Súbete los pantalones.

ESTRAGON: Ah, sí, es cierto.

(Se sube los pantalones. Silencio.)

VLADIMIR: ¿Qué? ¿Nos vamos?

ESTRAGON: Vamos.

(No se mueven.)

TELON

Últimos Fábula